CW01640664

Conoce tu cerebro para

APRENDER A APRENDER

Guía para jóvenes estudiantes

Héctor Ruiz Martín

istf
International Science
Teaching Foundation

© de esta edición: International Science Teaching Foundation
C/ Sant Joan de la Salle 37. 08022 Barcelona
www.science-teaching.org / www.science-bits.com

1ª edición: mayo 2020
ISBN: 978-84-122134-3-0

Edición: Ariadna Álvarez Pérez-Simó
Diseño e ilustraciones: Sandra Villa Valenzuela e Isabel Soler Chorro
Diseño portada: Jordi Rabascall Madrid
Revisión lingüística: Jordi Martí Fitó

Impresión: Amazon

Índice

¿Por qué es tan importante aprender a aprender?

Tanto si eres de esas personas que piensan que estudiar no es lo suyo como si eres de aquellas a las que no se les da nada mal, este libro puede ayudarte mucho más de lo que crees.

Me llamo Héctor Ruiz Martín y soy un científico que investiga cómo funciona el cerebro cuando aprende. Si me das la oportunidad, te explicaré qué puedes hacer para que el esfuerzo que realizas cuando estudias sea mucho más efectivo. Si sigues mis consejos, enseguida comprobarás que no exagero. Quizás lo que suceda te parecerá magia. Pero no es magia, es ciencia. Porque la ciencia ha averiguado qué tipo de acciones y circunstancias hacen que nuestro cerebro recuerde mejor lo que aprende.

PROMOVER EL APRENDIZAJE

Seguro que te habrás dado cuenta de que tu memoria no funciona a voluntad. De todo lo que experimentas, no puedes decidir qué recordarás y qué olvidarás. Por eso, cuando te pones a estudiar, haces aquellas cosas que crees que te ayudarán a recordar en el futuro lo que estás estudiando: subrayar, releer, repetir, etc. Sin embargo, nada te puede garantizar que vayas a recordarlo. Incluso si tienes muy buena memoria, es posible que en alguna ocasión te haya fallado.

Ahí es donde puedo ayudarte. Porque puedo explicarte cuáles son las acciones y las situaciones que hacen que nuestro cerebro recuerde mejor lo que estudiamos. No importa si tienes buena o mala memoria. En cualquiera de los dos casos, estas estrategias de aprendizaje te darán ventaja. Y si resulta que ya aplicas algunas de ellas, entonces seguro que te alegrará averiguar que has dado con las mejores fórmulas. ¿No quieres saberlo?

APRENDER ES CUESTIÓN DE TÉCNICA

Quizás te sorprenda descubrir que aprender de manera eficaz es más una cuestión de técnica que de habilidad natural. Pero así es: lo que haces cuando estudias y la manera en que te organizas es lo que marca realmente la diferencia. Si bien es cierto que algunas personas tienen más facilidad que otras para recordar lo que aprenden, las estrategias de aprendizaje pueden superar estas diferencias. Además, cuando las cosas se ponen más exigentes en los cursos superiores, la habilidad natural suele quedarse corta si uno no cuenta con buenas estrategias de aprendizaje.

Imagina a una persona que ha tenido la suerte de nacer con una constitución física que le da una ventaja natural para nadar: manos grandes, brazos fuertes, espalda ancha, etc. Ahora imagina que nadie enseña a nadar a esta persona, pero cada día la situamos en una piscina (que no le cubre más allá de los hombros) y le pedimos que nade de un lado a otro. Probablemente desarrolle un estilo de natación poco eficaz (por ejemplo, como un perrito). Pero al ser una persona con buenas cualidades físicas, seguramente consiga ir de un extremo a otro de la piscina con éxito empleando esta técnica.

Ahora imagina a una persona que no tiene las mismas cualidades físicas para la natación, pero a esta le enseñamos a nadar haciendo crol (el estilo más eficaz). Sin duda, esta persona nadará mucho más rápido que la primera. Además, practicar la natación mediante esta técnica le hará ser cada vez mejor nadadora, porque desarrollará mejores cualidades físicas, como una mayor musculatura.

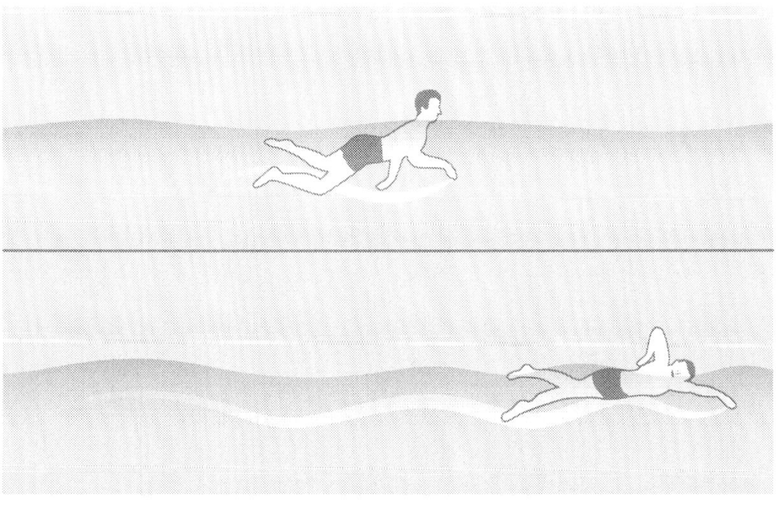

En este sentido, aprender es muy parecido a nadar. Podemos desarrollar estrategias de aprendizaje que resultarán mejores o peores, y lo cierto es que estas estrategias marcarán una gran diferencia. No importa cuáles creas que son tus aptitudes iniciales para aprender: en cualquiera de los casos, las buenas estrategias te permitirán hacerlo mucho mejor.

Es más, igual que en la natación, las buenas estrategias de aprendizaje también mejorarán tus cualidades como estudiante a largo plazo.

La memoria se fortalece a medida que adquiere conocimientos, y las buenas estrategias son la forma más efectiva de adquirirlos y de conseguir que perduren. Tu cerebro se modifica cuando aprendes.

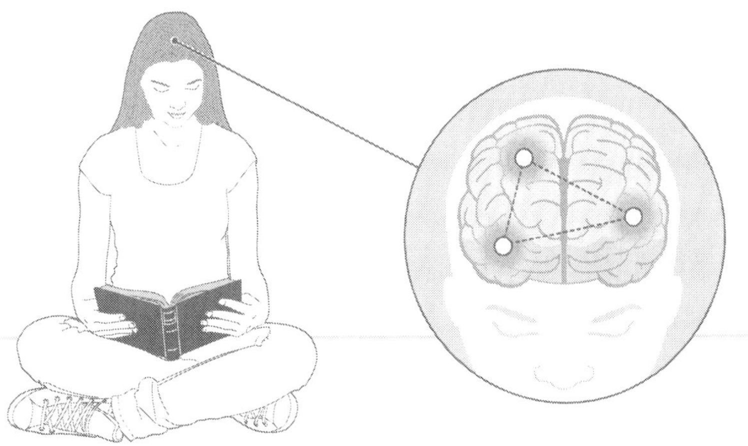

En definitiva, en las páginas siguientes encontrarás las claves que la ciencia ha revelado sobre cómo aprendemos. Aprenderlas te ayudará a aprender mejor.

Sin embargo, es importante que primero te advierta de algo...

QUE TE GUSTE NO IMPLICA QUE SEA EFECTIVO

Con frecuencia, los estudiantes confunden la manera en que les gusta estudiar con el método que les dará mejores resultados. Además, muchas veces se autoconvencen de que su cerebro es distinto y aprende mejor de una manera en particular (la que les gusta). Y aunque es cierto que todos los cerebros son únicos, no lo son en este sentido. Los mecanismos que nuestro cerebro emplea para aprender son iguales en todos nosotros, como también lo son los mecanismos que emplea para ver, por ejemplo. Las diferencias más importantes entre nosotros están en nuestro punto de partida, en la habilidad con la que contamos inicialmente, que depende de nuestras experiencias previas y nuestros rasgos naturales. A partir de ahí, las estrategias para avanzar en el aprendizaje y mejorar nuestras habilidades se basan en los mismos principios. Los principios de cómo aprende el cerebro.

Así que tenlo en cuenta: una cosa es comer lo que nos gusta y otra muy diferente es comer lo que nos conviene. Aunque pueda gustarte estudiar de una manera determinada, eso no significa que sea la manera más efectiva. ¿Te interesa saber cómo extraer el máximo potencial de tu extraordinario cerebro?

Sea cual sea tu respuesta, déjame que te cuente los casos de dos estudiantes que descubrieron el valor de aprender a aprender:

⟶

Cuando conocí a Pablo, era un estudiante que se sentía frustrado porque, a pesar de que se esforzaba mucho, no conseguía buenos resultados en la escuela, en especial en matemáticas. Estaba convencido de que no valía para los estudios.

Aunque no fue fácil, conseguí que Pablo me diera una oportunidad y aceptó poner en práctica mis consejos sobre cómo afrontar las tareas escolares y los exámenes. Lo primero que entendió es que esforzarse no es suficiente: hay que saber cómo invertir ese esfuerzo de manera productiva. Y ahí es donde entran las buenas estrategias de aprendizaje.

El resultado no fue inmediato, porque Pablo necesitó un tiempo para ajustar bien los métodos que le enseñé, pero pronto empezó a notar una importante mejora. Al cabo de unos meses, Pablo obtenía unos resultados que antes le hubieran parecido imposibles.

Ahora Pablo es licenciado en Física y está cursando un doctorado sobre termodinámica.

Pablo

Clara era una estudiante de bachillerato que toda la vida había sacado muy buenas notas en todas las asignaturas de la escuela. Sin embargo, estaba desmoralizada porque, por mucho que seguía esforzándose como siempre lo había hecho, no conseguía los mismos resultados que antes, y no entendía por qué. Estaba empezando a pensar que había perdido su don, o que no era tan buena como creía.

Me costó mucho hacer ver a Clara que la habilidad para aprender no es tanto una cuestión de dones como de técnica. También tuvo que apreciar que el esfuerzo tampoco es garantía de nada si no se invierte adecuadamente. Pero lo más difícil fue conseguir que aceptara que sus estrategias no eran efectivas. ¡Al fin y al cabo siempre le habían funcionado!

A Clara le costó bastante cambiar sus hábitos de estudio, pero a medida que vio cómo volvían los buenos resultados, se fue animando más y más. Ahora no tiene ninguna duda de que el cambio valió la pena.

Clara consiguió entrar en Medicina y a pesar de que el primer año de esta carrera es durísimo, está superándolo con éxito.

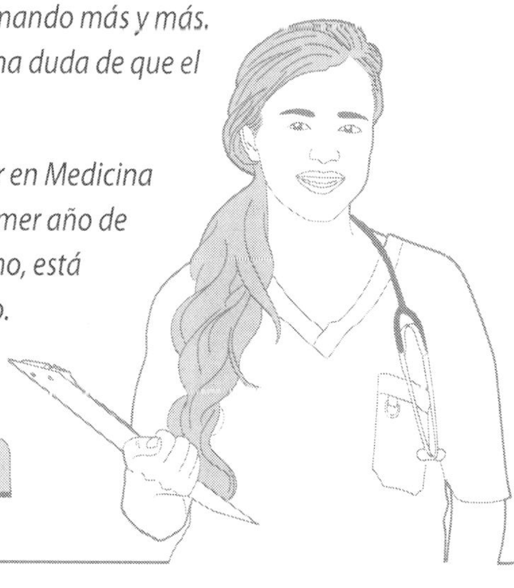

Clara

Tanto si tu situación se parece a la de Pablo, a la de Clara, o a ninguna de las dos, aprender a aprender te dará una ventaja insospechada.
¿Lo comprobamos?

CAPÍTULO 1

Para aprender... ¡RELACIONA!

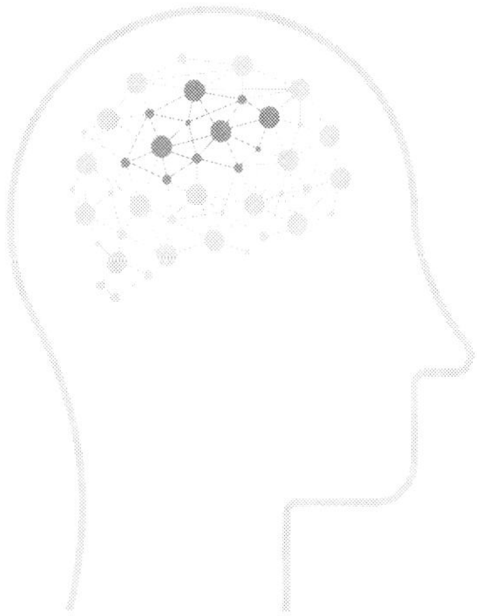

Aunque de manera cotidiana usemos las expresiones *aprender de memoria* y *memorizar* para referirnos a un aprendizaje sin comprensión, los científicos llamamos *memoria* a la capacidad que tiene el cerebro para generar recuerdos o para aprender cualquier cosa, desde un nuevo conocimiento a una nueva destreza.

La memoria es consecuencia de la plasticidad del cerebro, es decir, la facultad que tiene este órgano para cambiar su estructura a partir de nuestras experiencias y acciones. Gracias a ello, el cerebro nos hace capaces de percibir, recordar, entender y hacer cosas que antes no podíamos. ¡Cada vez que aprendes algo, tu cerebro se modifica!

UNA MEMORIA PECULIAR

Lo primero que debes saber para aprender de manera más eficaz es que nuestro cerebro no funciona como el disco duro de un ordenador. Entre otras cosas, porque su habilidad para guardar una información depende del contenido de dicha información. No podemos aprenderlo todo con la misma facilidad. Para guardar un nuevo conocimiento, el cerebro tiene que poder relacionarlo con algo que ya sepamos.

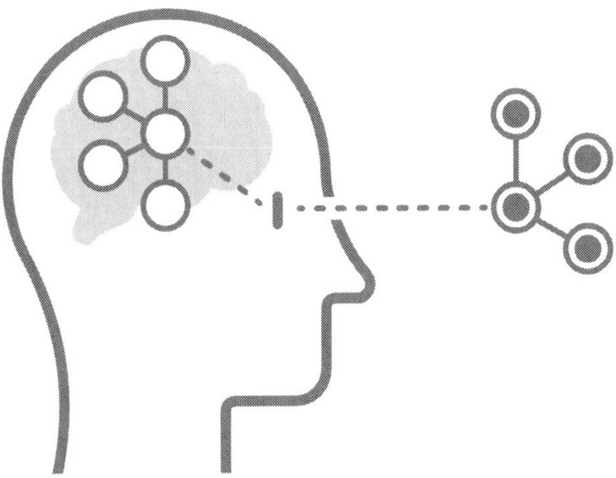

Para guardar un nuevo conocimiento, el cerebro necesita relacionarlo con algo que ya sepamos.

Por ejemplo, imagina que acabo de volver de viaje y te explico que he estado en las siguientes capitales del mundo. Léelas una vez, cierra los ojos y trata de recordarlas (no importa en qué orden).

Madrid
París
Roma
Londres
Bruselas
Berlín

Ahora imagínate que las capitales que visité hubieran sido estas otras. Trata de hacer lo mismo de antes: leerlas una sola vez y recordarlas.

Ngerulmud
Naipyidó
Yamusukro
Honiara
Vientián
Lilongüe

Seguro que te habrá resultado mucho más fácil recordar la primera lista que la segunda, a pesar de que en ambos casos se trata de capitales del mundo. Esto es así porque a nuestro cerebro le resulta mucho más fácil recordar cosas que estén relacionadas con algo que ya sabemos. A los discos duros de los ordenadores, en cambio, les da igual cómo sea la información que reciben, pues la guardan sin hacer distinción.

APRENDER ES CONECTAR CONOCIMIENTOS

Que nos resulte más fácil aprender cosas cuando podemos relacionarlas con algo que ya sabemos es consecuencia de cómo funciona la memoria humana: cuando el cerebro aprende, lo que hace es vincular los nuevos conocimientos a otros conocimientos que ya tenía. Pero solo puede hacerlo si percibe que existe alguna relación entre ellos.

Por eso nos resulta más difícil aprender cosas que son totalmente nuevas para nosotros, pues apenas tenemos conocimientos a los que conectar la nueva información.

Por el mismo motivo, cuanto más sabemos sobre algo, con mayor facilidad podemos aprender cosas nuevas sobre ello, pues contamos con más conocimientos que pueden enlazarse a la nueva información y así podemos retenerla fuertemente en la memoria.

En consecuencia, nuestra capacidad para aprender incrementa a medida que aprendemos nuevas cosas. Pero solo si las aprendemos bien. Y en este empeño las buenas estrategias de aprendizaje pueden ayudarte mucho.

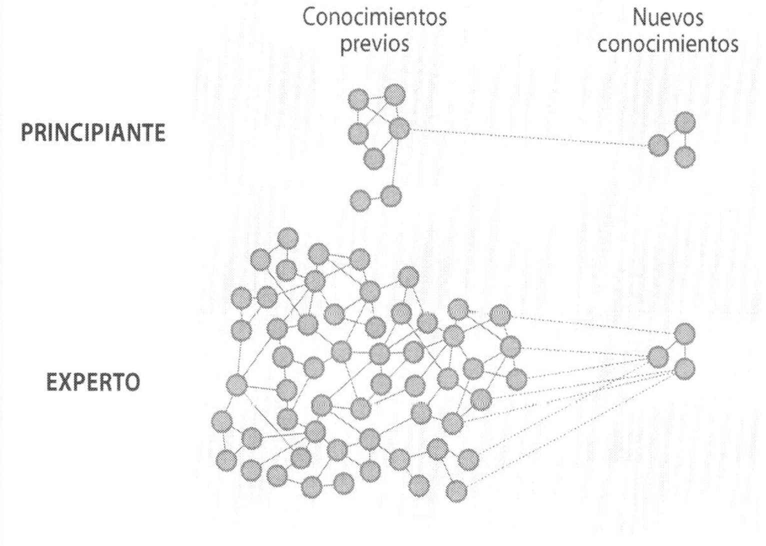

Podemos imaginar la memoria como una enorme red de elementos conectados entre ellos. Las conexiones se establecen entre recuerdos y conocimientos que están relacionados. Cuantos más conocimientos tenemos sobre algo, con más opciones contamos para amarrar nuevos conocimientos y así nos resulta más fácil aprender.

Como has visto, cuando estás aprendiendo algo que es totalmente nuevo para ti, es normal que al principio te cueste aprenderlo. Todavía no tendrás muchos conocimientos relacionados con lo que tratas de aprender, así que las primeras conexiones que hagas serán escasas y débiles. Además, es probable que al principio uses conocimientos lejanamente relacionados con los nuevos. En cualquier caso, solo podrás aprender haciendo conexiones a partir de lo que ya sabes.

Conocimientos primigenios

Quizás te estés preguntando que, si necesitamos apoyarnos en conocimientos previos para aprender cosas nuevas, ¿cómo aprendimos la primera vez? Bien, la respuesta es sencilla: ya desde antes de nacer, todos contamos con algunos conocimientos primigenios sobre la naturaleza de los objetos, el espacio y los seres vivos, que nos permiten organizar todo lo que aprenderemos posteriormente por medio de la experiencia.

Se trata de unos conocimientos nucleares muy básicos alrededor de los cuales vamos construyendo una gran red de conocimientos que derivan de nuestras vivencias y acciones. Así, casi todo lo que sabemos es fruto de nuestra experiencia. Por ese motivo cada uno sabe más sobre unas cosas y menos sobre otras. Aunque eso puede cambiarse fácilmente: aprendiendo más.

ACTIVAR LOS CONOCIMIENTOS PREVIOS

A veces nos cuesta aprender algo porque todavía tenemos pocos conocimientos con los que conectarlo. Sin embargo, en ocasiones puede suceder que sí los tengamos pero no nos demos cuenta. Por ejemplo, lee el siguiente texto y trata de recordar todo lo que puedas de él.

> *Primero de todo es importante que aciertes con la altura o de lo contrario puedes tener dificultades. El mantenimiento es clave para que todo funcione y evitar daños. Hay quien se inicia con ayuda pero al final todos lo conseguimos. Procura siempre tener espacio. No lo hagas muy rápido pero tampoco muy despacio, porque en ambos casos te arriesgas a caer. Al terminar necesitarás un lugar seguro para dejarla o te puedes llevar un disgusto.*

Es posible que no te resulte fácil recordar muchos detalles del texto, porque parece no tener sentido. Es decir, porque no sabes con qué conocimientos conectarlo. Pero espera, ¿qué sucede si ahora te digo que el texto se titula «Montar en bicicleta»? Seguro que ahora conseguirás recordar muchas más cosas si lo vuelves a leer, porque conectarás el texto con lo que sabes acerca de ir en bici.

Así pues, para recordar lo que aprendes es necesario activar los conocimientos que tienes que están mejor relacionados con lo que estás aprendiendo. No es suficiente con tenerlos, ¡debes darte cuenta de que los tienes!

¿CÓMO CREAMOS CONEXIONES?

Con todo lo que has leído hasta ahora, ya te debes estar formando una idea de algunas de las cosas que puedes hacer para aprender mejor. Así es, para afianzar lo que estás aprendiendo, debes conectarlo a tantos conocimientos previos como te resulte posible.

Muy bien, pero imagino que te estarás preguntando... ¿Y eso cómo se hace? ¿De qué forma creamos conexiones entre lo que aprendemos y lo que sabemos? Para explicártelo, me gustaría que hicieses la siguiente actividad. Ya verás, te sorprenderá.

Actividad

En primer lugar, toma un bolígrafo y un papel. ¿Los tienes? Bien, en la página siguiente encontrarás una tabla de dos columnas con palabras en cada casilla. Espera, todavía no la mires. Voy a pedirte que hagas lo siguiente: lee las palabras una por una, de izquierda a derecha y de arriba a abajo. Cuando leas una palabra de la columna izquierda, cuenta rápidamente cuántas vocales tiene y anota el número en el papel. A continuación lee la palabra que se encuentra a su derecha y puntúala del 0 al 10 según cuánto te agrade el significado de esa palabra (0 si te disgusta mucho y 10 si te encanta). Apunta la puntuación en el papel. Continúa con el resto de las palabras a razón de una palabra cada dos segundos (¡no más!), siempre de izquierda a derecha, y siempre contando vocales para las palabras de la izquierda y valorando cuánto te gustan en el caso de las palabras de la derecha. Cuando termines, pasa de página. ¿Entendido? Venga, cuando quieras.

Camiseta	Verano
Semáforo	Caballo
Pintura	Lluvia
Habitación	Bicicleta
Tortuga	Sonrisa
Campeonato	Dormir
Juego	Cuchillo
Lámpara	Pizza
Bolígrafo	Piscina
Verdura	Noche
Cantimplora	Prado
Labio	Chocolate
Luz	Libro
Burbuja	Tomate
Radio	Arena

Muy bien, ahora dale la vuelta al papel en el que escribiste los números y anota todas las palabras que recuerdes de la tabla. No importa el orden. ¡Vamos!

Cuando ya hayas apuntado todas las palabras que recuerdas, vuelve a revisar la tabla y busca en qué columna están las palabras que has recordado. Si has hecho el ejercicio adecuadamente, lo más probable es que hayas recordado más palabras de la columna derecha que de la columna izquierda. Si no es así, créeme que eso es lo que sucede habitualmente.

¿Por qué ocurre esto? Pues sencillamente porque lo que has hecho con las palabras de la columna izquierda no te ha llevado a pensar en su significado (al menos no a propósito); en cambio, para valorar las palabras de la derecha sí has pensado en su significado.

La mejor manera de conectar lo que sabes con lo que aprendes es tratando de darle sentido. Cuando pensamos en el significado de algo, es decir, cuando tratamos de entender lo que significa, lo que hacemos es interpretarlo a partir de nuestros conocimientos previos. Seguro que para determinar si el significado de una palabra te agradaba o no, has pensado en cosas relacionadas con ella, ¿verdad? Al hacerlo, has establecido conexiones con tus conocimientos previos.

REPETIR FRENTE A ELABORAR

Puede que creas que una de las mejores maneras de aprender es mediante la repetición. No te negaré que las habilidades motrices (como bailar o lanzar a canasta) requieren de mucha repetición para perfeccionarse. Pero cuando se trata de adquirir conocimientos, la cuestión es... ¿qué es lo que debemos repetir?

Repetirte una y otra vez una palabra o una frase no sirve de nada si no piensas sobre su significado. Fíjate en lo que pasa cuando tratas de mantener un número de teléfono en tu memoria de esta manera: lo recordarás el tiempo suficiente para marcarlo pero luego lo olvidarás enseguida. Para recordarlo más tiempo es mejor buscar patrones familiares en el número, como por ejemplo una fecha o un dato que conozcas. Es decir, es mejor pensar sobre él. De la misma manera, copiar un texto no sirve para nada si no reflexionas sobre su significado.

Pensar para aprender

Pensar sobre lo que aprendes es mucho más efectivo que la mera repetición. Un buen ejemplo de ello lo proporciona este ejercicio:

Dibuja un billete de 10 € de memoria.

¿Cuántas veces has visto uno de estos billetes? ¿Serías capaz de dibujarlo con detalle?

Quizás estés pensando que lo has visto en innumerables ocasiones, pero nunca te has fijado bien en él. Esto significa que nunca has pensado detenidamente sobre su aspecto. Para recordar bien cómo es un billete no basta con haberlo visto muchas veces. Es mucho más eficaz analizarlo, buscar patrones, pensar qué significan las imágenes que aparecen en él, hacerse preguntas sobre el porqué de su diseño, etc.

Cuando piensas sobre lo que estás aprendiendo y tratas de darle sentido, lo aprendes mejor.

Esta manera de estudiar, que consiste en pensar sobre lo que estás aprendiendo, se conoce como *elaborar* y es la base del llamado *estudio elaborativo*. A los científicos nos pareció que debíamos ponerle un nombre, pues es una manera de aprender claramente más eficaz que la mera repetición.

ESTRATEGIAS DE APRENDIZAJE

La conclusión de este capítulo es que aprendemos mejor cuando pensamos en el significado de lo que estamos aprendiendo: cuando le damos sentido, cuando tratamos de entenderlo. El motivo de ello es que, al hacerlo, facilitamos la conexión entre nuestros conocimientos previos y lo que estamos aprendiendo. En esto consiste el estudio elaborativo, que incluye las siguientes estrategias:

Empieza por hacerte una idea general de lo que estudiarás.

- Comienza cada sesión de estudio echando un vistazo a todo lo que tienes pensado estudiar durante la misma. Fíjate en los títulos de los apartados y los conceptos destacados para hacerte una idea inicial de lo que tratará. Si puedes crear un pequeño índice, mejor. Así empezarás a movilizar tus conocimientos previos que estén relacionados con lo que aprenderás.

- Emplea la información que has extraído del breve análisis anterior para planificar la sesión de estudio, en función del tiempo que tengas previsto dedicar. ¡Y ya puedes empezar!

Cuando leas, ve parándote y explicándote lo que acabas de leer.

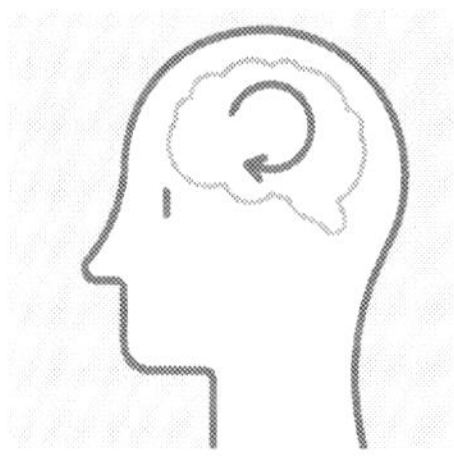

- Asegúrate de que entiendes lo que lees cada pocos párrafos, pero compruébalo explicándotelo a ti mismo. No es suficiente con tener la sensación de haberlo entendido: ¡cuando lo explicas con tus propias palabras lo amarras mejor a tu memoria!

- Si hay algo que no entiendes, pregúntale a tu profesor o a alguien que pueda ayudarte. No tengas vergüenza de hacerlo. Es normal que no entiendas una cosa que es nueva para ti. ¡Por eso estás aprendiendo! Y si algún compañero tuyo la entiende a la primera, eso es simplemente porque tenía la suerte de contar con unos conocimientos previos que le han ayudado. ¡Consíguelos tu también y estaréis igual!

Cuando trates de entender algo complejo, piensa en otras cosas que se le parezcan.

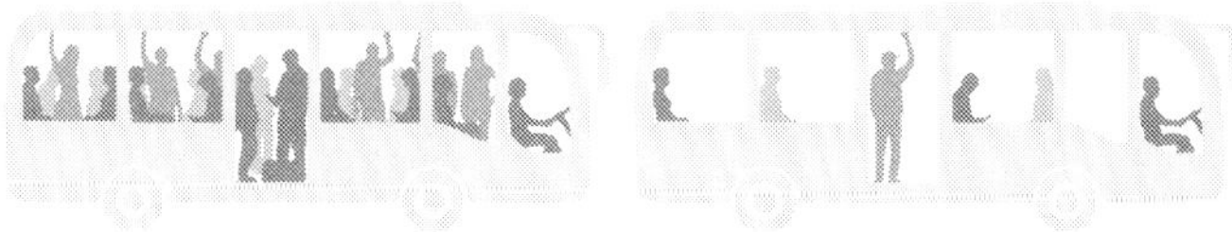

- Por ejemplo, para entender qué es la densidad (la cantidad de materia por unidad de espacio) puedes imaginar un autobús con más o menos gente. Estas comparaciones, llamadas *analogías*, nunca serán perfectas, pero pueden ayudarte en los primeros pasos para alcanzar la comprensión. Cuando veas que una comparación que has usado ya no encaja bien con lo que tratas de representar, ¡busca otra mejor!

- Cuando tengas en mente alguna cosa parecida a lo que aprendes, piensa en sus similitudes pero también en sus diferencias. Por ejemplo, los arácnidos se parecen mucho a los insectos, pero no son iguales. ¿En qué se parecen y en qué se diferencian? ¿Qué cosas comparten todos los arácnidos? ¿Qué diferencias pueden haber entre ellos?

Piensa en imágenes que puedas relacionar con lo que aprendes.

- Una de las mejores formas de amarrar un nuevo conocimiento a nuestra memoria es imaginarlo visualmente (¡si es posible, claro!). Utiliza imágenes mentales, cuando puedas, y crea historias visuales sobre lo que aprendes. Puedes dibujarlas también, pero no pierdas mucho tiempo con los detalles de los dibujos: ¡lo más importante es saber qué representan!

Piensa en ejemplos sobre lo que estás aprendiendo.

- Busca entre tus conocimientos ejemplos concretos que estén relacionados con lo que estás aprendiendo. Si son cosas relacionadas con tu vida, mejor. Por ejemplo, si estás aprendiendo sobre las estructuras que los romanos construían para llevar agua a sus ciudades, piensa en cómo lo harías tú o en cómo lo hacemos con la tecnología actual. Si estás estudiando una norma ortográfica, piensa en palabras que conozcas que la cumplan. Si estás aprendiendo sobre una obra literaria, imagina situaciones de la vida cotidiana que te recuerden lo que se relata en ella.

Haz un resumen con tus propias palabras de lo que has entendido.

- Escribir un resumen de lo que has aprendido, a partir de lo que recuerdas, es una manera muy eficaz de hacer conexiones con tus conocimientos previos. Pero no trates de resumir muchas cosas a la vez. Es mejor hacer varios resúmenes cortos de unas pocas ideas que un resumen de una gran cantidad de información. También puedes optar por escribir frases sueltas con cada una de las ideas que has aprendido. ¡Pero no las copies! Deben salir de tu memoria o no servirá de mucho.

Crea un mapa de conceptos que contenga las ideas principales.

- Una buena alternativa a hacer resúmenes es crear esquemas en que escribes los conceptos que has aprendido y los conectas mediante flechas y comentarios para describir cómo se relacionan entre sí. En efecto, en esto consiste elaborar un mapa conceptual. Pero no debes hacerlo pensando que alguien te pondrá una nota: hazlo solamente con la intención de explicarte a ti mismo lo que has aprendido. Si hay algo que no recuerdas, repásalo, pero lo más importante es que intentes hacer el mapa sin copiar la información.

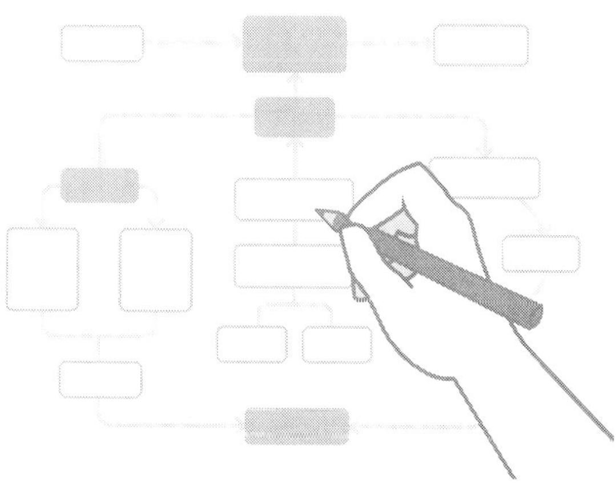

Si tienes que aprender un vocabulario que resulta nuevo para ti, busca palabras o expresiones parecidas que ya conozcas y relaciónalas.

- Esta es una estrategia muy específica para este tipo de casos. Por ejemplo, si te cuesta recordar el término *onomatopeya*, puedes relacionarla con la frase *O no me atropella*. Además, si puedes asociar esa palabra o frase a una imagen o historieta visual, mucho mejor. Cuanto más rocambolesca, más efectiva será. En el caso anterior, por ejemplo, puedes imaginar una letra O que va por la carretera a toda velocidad y te esquiva en el último momento derrapando. La imitación del sonido que hace al derrapar, *yiiiiii*, sería precisamente una onomatopeya.

Si tienes que recordar un listado de categorías, objetos, cualidades o procesos, construye palabras o frases con ellas.

- Sería algo muy parecido a lo anterior, pero esta vez lo emplearías para recordar varias palabras a la vez, en especial si necesitas recordarlas en un orden determinado. Por ejemplo, si tratas de aprender las fases de la división celular por mitosis, que son profase, metafase, anafase y telofase, puedes crear la expresión *PROMETo, ANA, TELefonear*. Este tipo de técnicas te resultarán útiles al principio, pero verás que luego recordarás las cosas sin necesidad de usarlas. Sobre todo si sigues los consejos de los capítulos que vienen a continuación.

PROMETo, **ANA**, **TEL**efonear

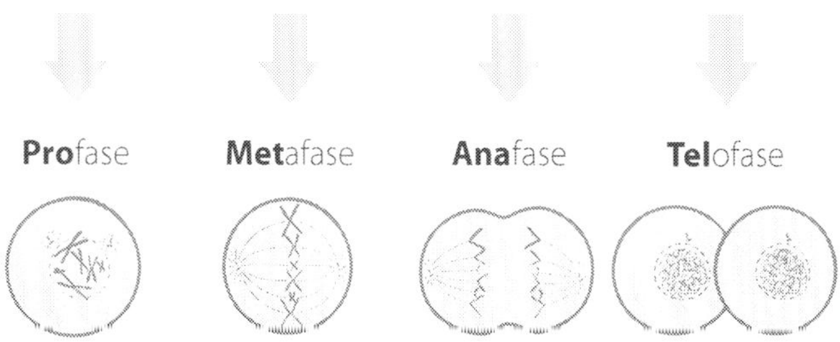

Estas solo son algunas de las estrategias que te ayudarán a aprender mejor. Se basan en la manera como el cerebro incorpora nuevos conocimientos. Sin embargo, hay otras estrategias basadas en otros principios de su funcionamiento que aún son más efectivas. Las he dejado para los capítulos que siguen. Te garantizo que vale mucho la pena conocerlas.

CAPÍTULO 2

Para aprender... ¡RECUERDA!

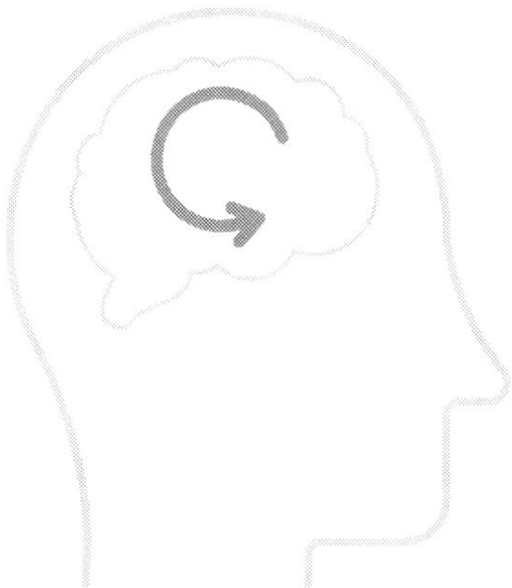

En ocasiones podemos tener dificultades cuando tratamos de aprender algo: nos esforzamos pero nos cuesta entenderlo o conseguir hacerlo bien. Sin embargo, nuestro cerebro sigue trabajando cuando ya hemos dejado de pensar en ello y se dedica a reajustar sus circuitos para que lo hagamos mejor la próxima vez. Cuanto mayor sea el esfuerzo mental que hayamos realizado, mayores serán los cambios que experimentará el cerebro con tal de mejorar nuestro desempeño. ¡Aprendemos más cuando nos estrujamos el cerebro!

Por eso, aunque aprender algo pueda costarte al principio, esto no quiere decir que no puedas llegar a dominarlo. Con dedicación, tu cerebro se remodelará para que puedas hacerlo. Tu cerebro es mucho más poderoso de lo que puedas creer.

BUSCANDO EN LA MEMORIA

Ya has visto que nuestra memoria funciona de un modo muy distinto al disco duro de un ordenador, porque no trata toda la información de la misma manera. Otro de los aspectos importantes que la diferencian de un disco duro es que no cuenta con un índice de todos los recuerdos y conocimientos que guarda. Además, tampoco puede lanzar una búsqueda que realice un barrido entre toda esa información para encontrar algún dato en concreto. Nuestro cerebro localiza la información en la memoria activando directamente aquella que está relacionada con lo que experimentamos. Por eso, si lees las palabras *capital de Francia*, es muy probable que te surja instantáneamente el nombre *París*.

TENER ALGO EN LA PUNTA DE LA LENGUA

Sin embargo, a veces este sistema falla. Seguro que en alguna ocasión habrás experimentado aquella sensación de «tener algo en la punta de la lengua»: sabes que lo sabes pero no consigues encontrarlo en tu memoria. Si alguien te lo dice, entonces lo reconoces al instante. O bien puede ser que lo recuerdes espontáneamente un poco más tarde. El hecho es que estaba en tu memoria, pero no conseguías que saliera a relucir.

Cuando buscamos en la memoria algo que sabemos que está ahí pero no conseguimos que aflore, lo que hacemos es pensar en cosas que sabemos que están relacionadas con ese recuerdo, esperando que nos guíen hasta su localización. Las pistas que nos ayudan a recuperar un recuerdo o conocimiento son precisamente los conocimientos previos a los que lo conectaste cuando lo aprendiste. Por eso es tan importante hacer muchas conexiones: no solo para que el recuerdo quede mejor atado a tu memoria, sino sobre todo para que te resulte mucho más fácil encontrarlo después. En otras palabras: trazar muchas conexiones entre lo que sabes y lo que estás aprendiendo te proporciona muchos posibles caminos por los que llegar hasta el preciado conocimiento cuando lo necesites.

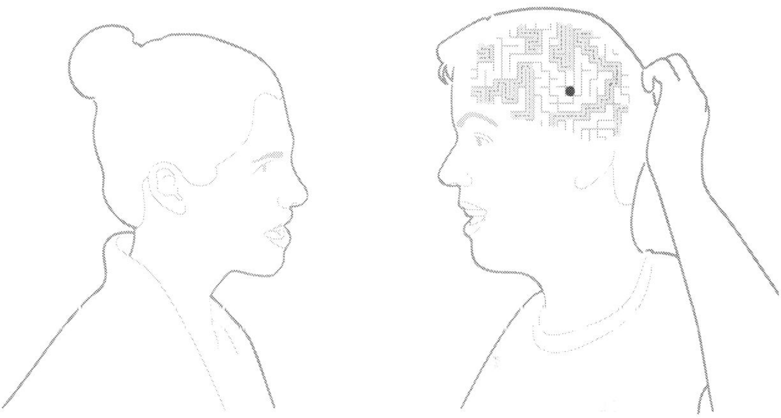

Pero fíjate ahora en un detalle que es realmente importante: una cosa es que algo esté en tu memoria, y otra bien distinta, que puedas encontrarlo. Para que el aprendizaje sea un hecho, es necesario que ocurran las dos cosas. Si alguna de ellas no sucediera, no podrías afirmar que has aprendido algo. Al menos no creo que tus profesores estén dispuestos a aceptar que sabías algo si en el momento del examen no pudiste recordarlo.

LOS TRES PROCESOS DEL APRENDIZAJE

Para comprender cómo aprendemos es crucial darnos cuenta de que aprender implica tres procesos necesariamente:

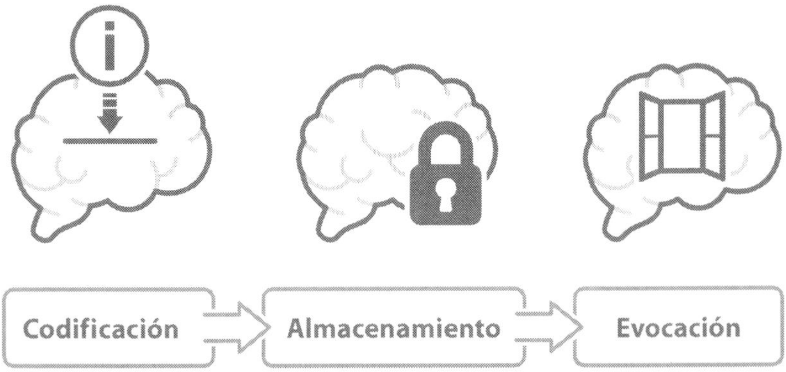

La codificación se da cuando prestas atención a algo y lo registras en tu memoria. El almacenamiento implica conservar lo aprendido durante un tiempo, que puede ser tan largo como toda la vida. Y la evocación es el proceso por el cual recuperas algo que estaba almacenado en tu memoria. Esto último es lo que ha sucedido cuando has recordado cuál es la capital de Francia o es lo que sucedería si te pido que me digas de qué colores es un oso panda. Esa imagen de un oso panda que ahora visualizas en tu mente estaba almacenada en tu memoria, fuera de tu consciencia, y la has evocado para responder a mi pregunta.

Que aprender requiera de estos tres procesos es mucho más importante de lo que crees. Porque tenerlo en cuenta es clave para entender una de las estrategias de aprendizaje más efectivas.

PRACTICAR LA EVOCACIÓN

Antes mencioné que tus profesores probablemente te consolarían con una palmadita en la espalda si les dijeras que sabías una cosa pero no la encontraste en tu memoria durante un examen. Pues bien, si en las pruebas de evaluación lo que te piden es sacar de tu memoria lo que has aprendido, ¿ya te has asegurado de practicarlo antes? ¿Has practicado la evocación?

Imagina que tienes un examen que consiste en encestar una pelota en una canasta. ¿Cómo te preparas para esa prueba? Supongo que practicando el lanzamiento a canasta. Entonces, ¿por qué la mayoría de los estudiantes dedican la mayor parte del tiempo de estudio a leer y releer (es decir, a la codificación) y no practican lo que de verdad les pedirán en el examen, que es sacarlo de la memoria (esto es, la evocación)?

No sé si eres consciente de lo que te estoy revelando, pero esta es una de las claves más importantes del estudio efectivo: se llama *la práctica de la evocación*.

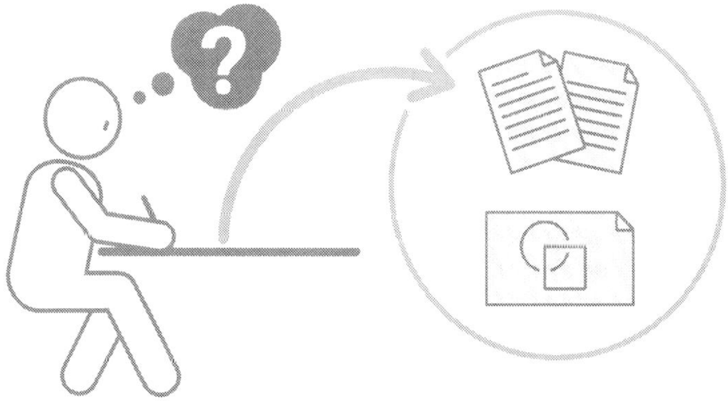

REPETIR LA CODIFICACIÓN ES ENGAÑOSO

Muchos estudiantes creen que aprender consiste en leer y releer, es decir, en repetir la codificación varias veces. Y lo cierto es que si uno tiene buena memoria, este sistema puede ser efectivo hasta cierto punto. Pero cuando las exigencias del estudio incrementan, deja de ser suficiente.

Además, limitarse a releer nos lleva a un aprendizaje de muy mala calidad. Un aprendizaje que apenas dura unas horas y que luego no nos servirá para seguir aprendiendo. Recuerda que cuantos más conocimientos consigas que perduren en tu memoria, más fácil te resultará aprender otras cosas relacionadas con estos conocimientos en el futuro. Por eso, aunque releer pueda serte útil justo antes de un examen, apenas te servirá para poco más. Así que puedes dedicar ese precioso tiempo de tu vida solo a tratar de superar el próximo examen, o puedes dedicarlo además a facilitarte las cosas para los cursos posteriores (¡por no hablar de los muchos otros beneficios que te aportará el saber!).

Lo que sí debes tener claro es que la estrategia de leer y releer es engañosa: normalmente nos parece que funciona mejor de lo que en verdad lo hace. Por esa razón hay muchos estudiantes que no entienden por qué no les fue bien un examen, si «en casa se lo sabían». Esto sucede principalmente por dos motivos:

- En primer lugar, puesto que leer y releer es efectivo a muy corto plazo, justo después de estudiar nos parece que dominamos lo aprendido. Pero claro, una cosa es recordar algo hoy y otra muy diferente es recordarlo mañana.

- En segundo lugar, repasar releyendo los textos que ya hemos estudiado nos produce la agradable pero falsa sensación de saberlo todo. Pero una cosa es que algo te resulte familiar cuando lo vuelves a leer, y otra muy distinta es ser capaz de evocarlo (sacarlo de la memoria) cuando es necesario, sin tenerlo delante. Para facilitar la evocación hay que practicar la evocación.

LA EFECTIVIDAD DE PRACTICAR LA EVOCACIÓN

Cientos de estudios científicos han demostrado que cuando evocamos lo aprendido, lo consolidamos con más fuerza en la memoria, o por lo menos hacemos que sea más probable que podamos evocarlo otra vez en el futuro. Además, han constatado que este efecto es mucho más eficaz que repetir la codificación (releer).

Cuanto mayor es el esfuerzo por evocar algo, mayor es el impacto en la memoria. Esto es así porque nuestro cerebro interpreta ese esfuerzo como una señal de que aquello que intentamos evocar es importante para nuestra supervivencia. Por eso se modifica para facilitar su evocación la próxima vez que lo necesitemos.

Una estrategia «todoterreno»

Practicar la evocación no solo es útil para aprender datos concretos (como las capitales de Europa, por ejemplo) sino que también es muy eficaz para aprender todo tipo de conocimientos, especialmente conceptos y procedimientos. Fíjate que cuando evocas una idea debes reconstruirla con tus propias palabras, ¡y eso refuerza la conexión con tus conocimientos previos!

Sin duda, releer es mucho más cómodo que evocar. Evocar nos obliga a hacer un esfuerzo mental mayor. También puede requerir el trabajo de formular preguntas para ponernos a prueba más tarde. Pero la cuestión es que dedicando el mismo tiempo, evocar es muchísimo más eficaz que releer. El ligero esfuerzo mental adicional que conlleva es lo que hace que el aprendizaje sea mucho más robusto.

Cuando evocamos lo aprendido, lo consolidamos con más fuerza en la memoria, o por lo menos hacemos que sea más probable que podamos evocarlo otra vez en el futuro.

EL OTRO GRAN BENEFICIO DE PRACTICAR LA EVOCACIÓN

Desde luego hay muchos estudiantes que utilizan la evocación cuando estudian pero normalmente no saben que al hacerlo refuerzan su aprendizaje. En general, lo hacen con otra intención, que también es muy importante: para comprobar si recuerdan lo aprendido. Es decir, estos estudiantes aprecian que para asegurarse de que saben algo deben comprobar que son capaces de sacarlo de su memoria (evocarlo).

Por lo tanto, practicar la evocación también es beneficioso porque hace posible detectar los puntos débiles en nuestro aprendizaje. Y esto nos permite, ahora sí, reestudiar aquellas partes que no hemos logrado evocar para reforzarlas. De hecho, también es muy importante comprobar que lo que hemos conseguido evocar es correcto.

La práctica de la evocación, por lo tanto, no es ni más ni menos que la práctica de autoevaluarse repetidamente hasta conseguir el resultado esperado. Lo más interesante es que nuestro cerebro fortalece los conocimientos aprendidos cada vez que los evocamos: cada vez que nos evaluamos, aprendemos.

Para terminar, es importante saber que el efecto de la evocación es mucho mayor si dejamos que lo aprendido se nos olvide un poco. Es decir, si dejamos que pase algo de tiempo entre el estudio y la evocación. Pero de esto trataré en el próximo capítulo, en el que te hablaré sobre otro de los métodos clave para mejorar tu aprendizaje.

ESTRATEGIAS DE APRENDIZAJE

La conclusión de este capítulo es que aprendemos de manera mucho más eficaz cuando practicamos la evocación de lo que hemos estudiado, es decir, cuando nos autoevaluamos y con ello nos obligamos a recuperar de nuestra memoria lo que leímos, vimos u oímos. Estudiar así consolida los conocimientos que evocamos y, además, nos permite detectar y revisar aquello que no recordamos bien. Esto se traduce en las siguientes estrategias:

Repasa por medio de la evocación, no releyendo.

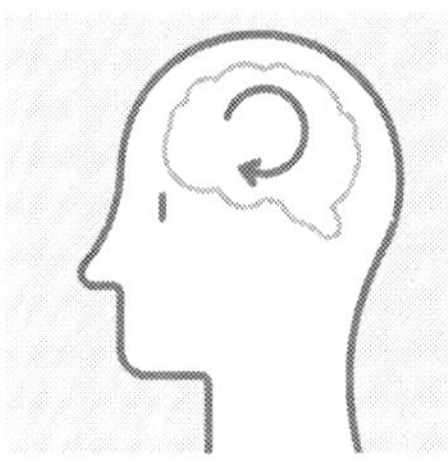

- Es evidente que releer resulta más atractivo que evocar porque el esfuerzo mental que requiere es menor. Sin embargo, también es mucho menos eficaz. Y estoy seguro de que prefieres no perder tu precioso tiempo. Así que siempre que repases la lección, empieza tratando de evocar lo que ya estudiaste. Revisa los títulos de las secciones o los conceptos destacados y explícate a ti mismo lo que deberías saber sobre ellos. No hace falta que lo hagas en voz alta ni que lo escribas si no quieres: con que te lo expliques mentalmente ya será mucho mejor que no hacerlo.

Crea resúmenes, mapas conceptuales, etc., ¡pero a partir de tu memoria!

- Crear resúmenes, dibujos o mapas de conceptos no solo es útil porque te permite pensar sobre lo que aprendes, sino que además es una buena práctica de evocación, siempre y cuando lo hagas a modo de repaso y sin consultar continuamente el libro o tus apuntes. De hecho, copiar un texto es una de las formas menos efectivas de consolidarlo en tu memoria. Evocarlo tras haberlo leído, en cambio, es mucho más eficaz. En cualquier caso, verifica que los resúmenes o esquemas que hayas hecho sean correctos tras finalizarlos.

Explícale a alguien lo que has aprendido.

- Una forma bastante amena de practicar la evocación es explicarle a alguien las cosas que has aprendido. Si esa persona puede lanzarte preguntas, aún mejor. En realidad, una de las maneras más efectivas de consolidar tu aprendizaje es enseñando a otras personas, como si tú fueras el profesor. Así que si algún compañero tiene dificultades, piensa que ayudándole te estarás ayudando también a ti mismo, pues estarás fortaleciendo tus conocimientos de la mejor manera posible.

Prepara preguntas para ponerte a prueba.

- A medida que estudies, escribe preguntas que puedas utilizar después para practicar la evocación. De hecho, también vale la pena que escribas las respuestas o que las destaques en tus apuntes para encontrarlas rápidamente cuando necesites revisarlas. Una forma de hacer esto es creando *flashcards*: tarjetas que en un lado contienen la pregunta y en el otro, la respuesta. Hoy día existen muchas aplicaciones gratuitas para crear *flashcards* digitales.

Revisa tus respuestas tras la evocación.

- Es muy pero que muy importante que siempre compruebes que los conocimientos que evocaste son correctos. Nuestra memoria a veces se confunde y no nos damos cuenta. Por lo que si no revisas tus respuestas, podrías consolidar un conocimiento incorrecto. No es nada irreversible, pero mejor si lo corriges cuanto antes. Las *flashcards* te resultarán útiles para revisar tus respuestas ágilmente.

Identifica tus puntos débiles y repásalos.

- Además de fortalecer lo aprendido por el mero hecho de reactivarlo en tu memoria, la evocación permite que te des cuenta de lo que aún no sabes bien. Quizás por eso al principio pueda resultar más frustrante que releer: porque te revela la cruda realidad. ¡Pero no te desanimes! ¡Al fin y al cabo, mejor descubrirlo mientras estudias que durante el examen! Así que aprovecha esa información y reestudia aquello que no consigas recordar así como lo que más se te haya resistido. Deberás practicar su evocación hasta que lo consigas hacer bien. Las *flashcards* también son muy útiles para este tipo de práctica porque las puedes ir clasificando en función de si las has conseguido responder correctamente o incluso según cuántas veces las hayas podido evocar (en distintas sesiones).

No eches mano de tus apuntes o el libro hasta haberlo intentado de veras.

- Cuando trates de evocar lo aprendido pero no lo consigas, no tires la toalla inmediatamente. Búscalo en tu memoria a partir de conocimientos relacionados con lo que aprendiste, igual que lo haces cuando tienes algo «en la punta de la lengua». Puedes añadir pistas en tus *flashcards* o echar un vistazo relámpago a tus apuntes en búsqueda de términos clave para ayudarte a recordar, antes de optar por mirar la respuesta completa. Si no consigues evocarlo, debes saber que tu esfuerzo no habrá caído en saco roto: tu cerebro estará más receptivo para reaprender la respuesta cuando la revises en tus apuntes.

Ajusta la práctica en función del tipo de cosas que aprendas.

- La evocación es efectiva tanto si lo que deseas aprender son datos concretos (como, por ejemplo, vocabulario en inglés o las capitales de Europa), como si son ideas, conceptos o procesos (como la fotosíntesis, la hipotenusa, las causas de la Segunda Guerra Mundial, etc.). Pero es muy importante que ajustes la práctica según el caso. Cuando se trate de datos, obviamente debes evocarlos tal cual. En cambio, si se trata de conocimientos más complejos, que requieran de comprensión, es mejor que los evoques explicándolos con tus propias palabras. ¡No recites definiciones como un loro! Tu memoria es mucho más efectiva guardando el significado de las cosas que almacenando una definición literal. Además, cuando explicas un concepto o procedimiento con tus propias palabras, lo conectas mejor con tus conocimientos previos.

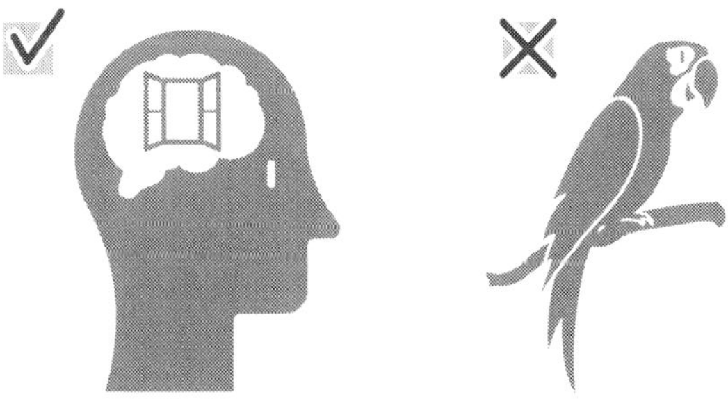

No repases cómo hiciste un ejercicio, ¡vuelve a hacerlo!

- Si lo que estudias incluye el aprendizaje de procedimientos (problemas de matemáticas, problemas de física o química, análisis sintácticos de oraciones, etc.), no te limites a revisar los ejercicios que hiciste anteriormente: ¡hazlos de nuevo! ¡Pero sin mirar el proceso de resolución! Solo debes consultarlo si no consigues recordar cómo hacerlos o cuando ya los hayas hecho y desees revisar tu desempeño. Por supuesto, será aún mejor si puedes resolver ejercicios nuevos, pero es importante que cuentes con alguna manera de verificar que el proceso de resolución ha sido correcto.

Practicar la evocación es de las estrategias más efectivas que puedes seguir para aprender mejor. Sin embargo, hay una manera en particular de llevarla a cabo que la hace aún más eficaz. Te hablaré de ella en el capítulo siguiente.

CAPÍTULO 3

Para aprender... ¡OLVIDA!

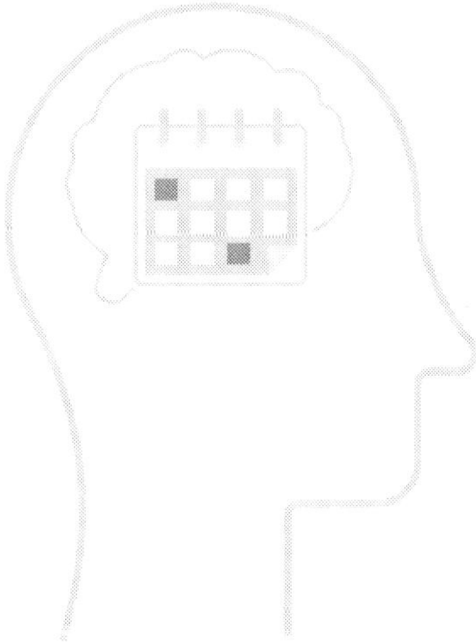

Si le pides a tu cerebro que codifique una información una y otra vez, como cuando lees y relees, se asegurará de codificarla con más soltura la próxima vez que la encuentres. Es decir, serás mejor percibiéndola. Pero si lo que le pides es evocarla (recuperarla de tu memoria), entonces hará lo posible para que te resulte más fácil evocarla la próxima vez.

En realidad, cuanto más te esfuerzas por recuperar una información de tu memoria, más intensas son las señales que envías a tu cerebro pidiéndole que se asegure de tenerla más a mano en el futuro.

UNA MEMORIA INESTABLE

Como has podido apreciar en los capítulos anteriores, la ciencia ha revelado que nuestra memoria no funciona de la misma manera que la de un ordenador. Ya te he contado que el modo en que el cerebro incorpora nueva información y los mecanismos que emplea para recuperarla son muy distintos a los de un disco duro. Pues bien, en este capítulo nos fijaremos en otra diferencia importante, en este caso relacionada con el almacenamiento de la información. En efecto, ¡los ordenadores no «olvidan» la información espontáneamente!

APRENDER Y OLVIDAR

Es un hecho: tan pronto como aprendes algo ya has empezado a olvidarlo. No obstante, el ritmo al que olvidas puede ser muy distinto en función de cómo aprendas. Esto es algo que ya has visto en los dos capítulos anteriores. Pero aún hay más. Como verás a continuación, el olvido puede contrarrestarse, y al hacerlo, el aprendizaje se hace más fuerte. En otras palabras, para aprender algo de manera más eficaz, es útil olvidarlo un poco.

Pero... ¿por qué olvidamos? Como viste en el capítulo anterior, hay dos motivos que nos permiten explicar que hayamos olvidado algo: o bien porque ya no está en nuestra memoria, o bien porque no somos capaces de encontrarlo en ella. Aunque los científicos no hemos conseguido averiguar qué es lo que sucede exactamente cuando olvidamos, las evidencias nos invitan a pensar que buena parte del olvido se debe a lo segundo, es decir, lo que aprendimos sigue ahí pero no conseguimos evocarlo.

Esto lo sabemos porque resulta mucho más fácil reaprender algo que una vez supimos, aunque estemos convencidos de haberlo olvidado completamente, que aprender algo por primerísima vez. Y lo cierto es que reaprenderlo, tras haberlo olvidado, lo consolida mucho más en la memoria que reestudiarlo cuando aún lo recordamos.

ESPACIAR LA PRÁCTICA

Así es, cuando repasamos o practicamos algo que habíamos olvidado total o parcialmente, lo consolidamos más que si lo repasamos antes de haberlo olvidado. Por lo tanto, repetir una actividad de aprendizaje cuando acabamos de comprobar que dominamos lo aprendido no es tan efectivo como esperar un tiempo para repetirla. El repaso resulta más efectivo cuando hemos empezado a olvidar.

Este hecho tiene una consecuencia muy importante: resulta mucho más efectivo distribuir el estudio y los repasos en varias sesiones separadas por al menos unas horas que concentrarlo todo en una sola sesión. En otras palabras: es mejor estudiar algo una hora al día durante cuatro días que estudiarlo cuatro horas seguidas. Fíjate que no te estoy diciendo que estudies más, sino que distribuyas el tiempo de estudio de una forma que resultará mucho más efectiva.

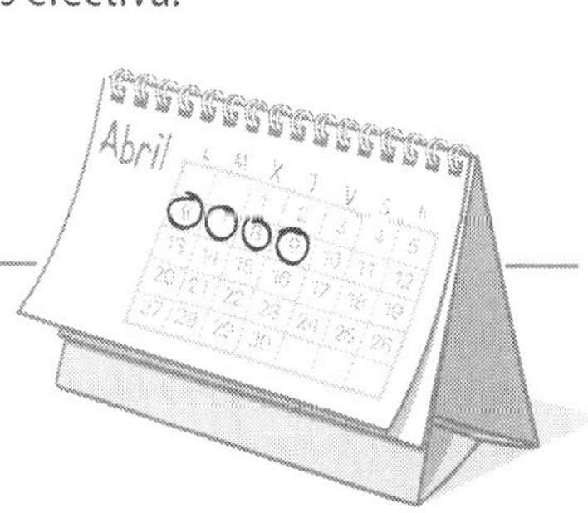

Cuando repasamos o practicamos algo que habíamos olvidado total o parcialmente, lo consolidamos más que si lo repasamos antes de haberlo olvidado.

Esta estrategia que consiste en dividir las sesiones de estudio y repaso para dejar que pase un tiempo entre ellas se conoce como la *práctica espaciada* y cientos de estudios científicos reflejan que es realmente eficaz.

Por lo tanto, estamos ante una circunstancia que hace que la repetición resulte efectiva para el aprendizaje: cuando reestudiamos tras haber dejado pasar un tiempo para que se haya producido cierto olvido, contribuimos a consolidar mejor el aprendizaje.

LA COMBINACIÓN GANADORA

Espaciar las sesiones de repaso es positivo de por sí, sean cuales sean las estrategias de aprendizaje que usemos en cada sesión. Pero además, si aprovechamos dichas sesiones para practicar la evocación, dejando que pase un tiempo tras el estudio (que debe ser elaborativo), entonces contaremos con la combinación ganadora. No hay nada más efectivo que la práctica de la evocación espaciada en el tiempo, en conjunción con el estudio elaborativo.

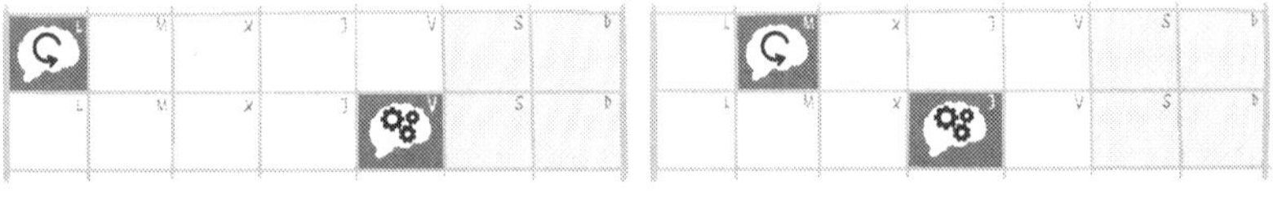

No hay nada más efectivo que la práctica de la evocación espaciada en el tiempo, en conjunción con el estudio elaborativo.

Recuerda que la práctica de la evocación es más eficaz cuanto mayor esfuerzo mental debas hacer para recuperar la información de tu memoria. El cerebro está programado para modificarse cuando aquello que intentas hacer te cuesta un esfuerzo, y así lograr que te resulte más fácil la próxima vez. ¿Y qué mejor manera de incrementar ligeramente la dificultad para evocar un conocimiento que dejando que se te olvide un poco? ¡La evocación espaciada es el arma secreta de los buenos estudiantes!

LA CLAVE: LA PLANIFICACIÓN

Como quizás habrás notado, la práctica espaciada requiere de algo muy importante: ¡que planifiques tus sesiones de estudio! Según los científicos más destacados en este campo, lo ideal es que consigas evocar con éxito lo que aprendiste hasta tres veces, en tres sesiones distintas. Si no consigues evocarlo, debes reestudiarlo y volver a empezar la cuenta.

Esto significa que debes organizarte el estudio de forma que en cada sesión empieces haciendo un repaso de las anteriores por medio de la evocación, y a continuación refuerces lo que más te haya costado recordar. A partir de ahí puedes seguir estudiando más temas.

Puedes separar tus sesiones de estudio de varias maneras. La más efectiva es distribuirlas a lo largo de varios días. Pero si esto no es posible, también puedes distribuirlas a lo largo de una misma tarde. En este caso, la mejor opción es emplear la *práctica entrelazada*. Esta estrategia consiste en dedicar un rato a estudiar una asignatura y luego otro rato a estudiar otra. A continuación, vuelves a la primera con el objetivo de repasar mediante la evocación y luego lo haces con la segunda.

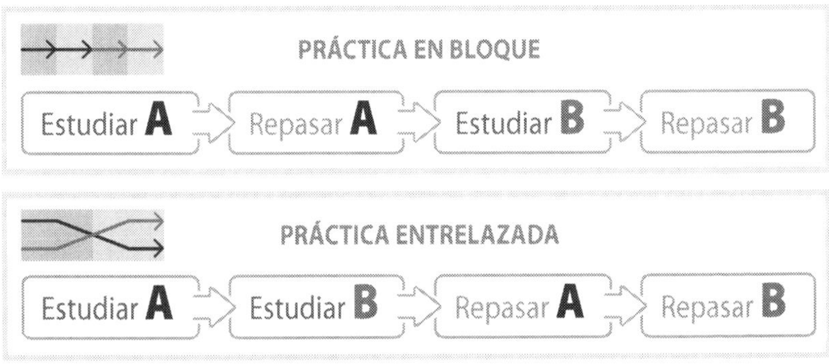

Es mucho más efectivo combinar estudio y repaso así que estudiar y repasar cada tema «en bloque». Sé que al principio creerás que no es así, porque si repasas justo después de estudiar te parecerá que «te lo sabes» mejor. Pero eso es porque no tienes en cuenta los efectos del olvido. La práctica entrelazada, en cambio, te permite afrontar sus efectos, y el esfuerzo de evocación adicional que conlleva refuerza más tu aprendizaje.

Ya te conté que algunas estrategias de aprendizaje nos proporcionan una sensación de aprender más y mejor justo al terminar de estudiar, pero nos engañan: las estrategias más efectivas son las que te exigen mayor esfuerzo mental y dejan a tu cerebro trabajando cuando terminas: ¡él sigue haciendo cambios para que la próxima vez todo te resulte más fácil!

Una estrategia poco eficiente

Muchos estudiantes concentran el estudio justo antes del examen y, sin embargo, consiguen que les vaya bien. Y es que, en realidad, estudiar en el último momento puede resultar eficaz si uno tiene buena memoria.

Ahora bien, si este es tu caso, ten en cuenta que lo que aprendas de esta manera se esfumará pronto y, por lo tanto, el tiempo que le hayas dedicado ya no te servirá para nada más, porque no conservarás tus conocimientos y no podrás apoyarte en ellos en el futuro. Además, aunque esta estrategia te haya funcionado hasta ahora, ¿has pensado qué pasará cuando lo que debas estudiar no «quepa» en una sola sesión de estudio antes del examen? Concentrar el estudio no es solo una forma de aprovechar poco tu tiempo, sino que además es insuficiente cuando el temario se vuelve más exigente.

ESPACIAR Y DORMIR

Como ya he comentado, la práctica espaciada es más efectiva cuando dejamos al menos un día entre cada sesión de estudio. Esto es así por dos motivos:

- Porque el olvido es mayor y la evocación requerirá de más esfuerzo, y por lo tanto, producirá mayor impacto en nuestra memoria.

- Porque entre una sesión y otra podremos dormir. Y dormir (bien) es fundamental para consolidar el aprendizaje.

Así es, el cerebro aprovecha las horas de sueño precisamente para llevar a cabo la reestructuración que le hemos requerido durante las actividades de aprendizaje. Por eso, dormir nos ayuda a afianzar lo aprendido.

Dormir hace que al día siguiente nos cueste menos recordar o entender aquello que estábamos aprendiendo el día anterior. Así que si terminaste tu sesión de estudio con la sensación de haber aprendido poco, porque te costó entenderlo o apenas conseguiste evocar lo aprendido al repasar, debes saber que al día siguiente tendrás un nuevo cerebro con mayor capacidad para hacerlo.

Por último, hay un aspecto muy interesante que los científicos hemos averiguado sobre la práctica espaciada: cuanto más espaciamos el repaso de lo estudiado, más tiempo permanece disponible en nuestra memoria posteriormente. Por ejemplo, repasar lo estudiado una vez a la semana durante cinco semanas hace que lo recordemos por más tiempo después de la última sesión que repasarlo una vez al día durante cinco días.

ESTRATEGIAS DE APRENDIZAJE

En este capítulo hemos visto que el olvido no es solo el enemigo del aprendizaje, sino que también puede ser su aliado. Para sacarle partido debemos organizar el tiempo dedicado al estudio de tal manera que podamos revisar lo aprendido después de que lo hayamos olvidado parcialmente. Esto se traduce en las siguientes estrategias:

Distribuye el tiempo de estudio en varias sesiones.

- Es crucial que comprendas que si solo dedicas una única sesión de estudio a un tema en concreto, sin la posibilidad de repasar lo aprendido un tiempo después, estarás desaprovechando tu esfuerzo. Poder repasar es crucial para el aprendizaje. Hacerlo por medio de la evocación es aún mejor. Y hacerlo dejando unas horas entre el estudio inicial y el repaso es insuperable. En realidad, cuantas más sesiones de repaso podamos realizar (espaciadas en el tiempo), más consolidaremos lo aprendido.

Mejor no «sobreestudies».

- Los científicos llamamos «sobreestudiar» a lo que un estudiante hace cuando sigue practicando una y otra vez algo que ya domina bien, o cuando sigue repasando un contenido que ya ha conseguido evocar correctamente durante la misma sesión de estudio. En este sentido, es mucho más recomendable volver a practicarlo o evocarlo tras dejar un tiempo para que el olvido haya hecho de las suyas. Por supuesto, si no tienes tiempo para repasar horas más tarde, es mejor que sigas practicando el tiempo que te quede.

Entrelaza la práctica. (I)

- Una manera de espaciar la práctica en el corto plazo (por ejemplo, en una misma tarde) es entrelazar el estudio alternando diversos temas o materias, incluso diferentes tipos de problemas. Pero siempre con la intención de que ello te permita separar en el tiempo el estudio inicial de cada tema de su repaso, mientras te enfocas en otro tema. Por supuesto, siempre es mejor si el repaso se realiza por medio de la evocación (recuerda que resolver problemas sin consultar el proceso de resolución hasta haberlos terminado también se considera evocación).

Entrelaza la práctica. (II)

- También puedes sacar provecho de la práctica entrelazada si tras estudiar varios tipos de problemas o ejercicios te emplazas a resolver varios de ellos mezclándolos aleatoriamente. Sin embargo, es muy importante que no sepas de qué parte del temario ha salido cada uno, sino que trates de deducirlo tú mismo cuando leas los enunciados. De esta manera evitarás apoyarte en las pistas que te ofrece saber de qué parte del libro de texto han salido o qué tipo de ejercicio estás a punto de resolver, pues es probable que en el examen no cuentes con esas pistas. Esta forma de emplear la práctica entrelazada es realmente eficaz.

Planifica las sesiones de estudio.

- La práctica espaciada es realmente efectiva, pero para llevarla a cabo es necesario que te organices un poco y, muy en especial, ¡que no lo dejes todo para el último momento! La práctica espaciada no requiere más tiempo de dedicación, sino simplemente que emplees tu tiempo de manera más inteligente. Por ejemplo, te resultará mucho más provechoso y llevadero estudiar un tema media hora durante cuatro días que estudiarlo durante dos horas seguidas en un solo día. Por eso, es importante que tomes tu agenda y establezcas un plan de trabajo semanal (o a más largo plazo).

Lleva tus tareas al día.

- Cuando los profesores te proponen realizar determinadas tareas, no lo hacen para fastidiarte. Lo hacen porque saben que es importante que vayas practicando lo que aprendes a lo largo de la lección, y tratan de ayudarte a no dejarlo todo para el último momento. Por eso resulta crucial que lleves al día tus tareas. Además, estas actividades también te ayudarán a seguir el hilo de las siguientes clases con más facilidad.

Usa la evocación para repasar.

- En el capítulo anterior, te hablé de que practicar la evocación incrementa notablemente nuestra capacidad para recordar lo que aprendemos. La práctica espaciada es beneficiosa sea como sea que repases lo estudiado, pero si lo haces mediante la evocación, entonces resulta inmejorable.

¡Duerme!

- Cuando podemos dormir plácidamente entre las sesiones de estudio y repaso, porque distribuimos el estudio a lo largo de diversos días, el efecto de la práctica espaciada es óptimo. De hecho, no dormir lo suficiente la noche antes de una prueba evaluativa no suele ser una buena idea. Tu cerebro no solo necesita descansar para desempeñarse correctamente al día siguiente, sino que el sueño es fundamental para que pueda organizar y fijar bien lo que aprendiste. ¡Mientras dormimos el cerebro consolida lo aprendido!

CONSEJO PARA ESTUDIANTES DE NIVELES SUPERIORES

Si algún día debes estudiar un temario muy amplio, tan extenso que te resulta imposible cubrirlo en unas horas o incluso en unos días (como sucede con frecuencia en los estudios superiores), la clave es planificar bien el estudio en base a los principios aquí descritos. En este caso, te recomiendo seguir estos pasos:

- Organiza el temario por categorías y divídelo en unidades que puedas estudiar en sesiones de alrededor de media hora. Crear un índice de contenidos según este criterio te resultará de ayuda.

Haz una planificación inicial que incluya una sesión de estudio y al menos tres sesiones de repaso (¡por medio de la evocación!) para cada unidad. Organízalas dejando cada vez más tiempo entre una sesión de repaso y la siguiente.

- Debes prever que tu plan inicial cambiará. Esto es así porque vale la pena que vayas ajustando el número de repasos de cada unidad y el plazo de tiempo entre ellos, según las dificultades que te vayas encontrando. En este sentido, es recomendable que clasifiques las unidades de estudio a medida que avances con ellas, en función de si te resultó fácil evocarlas o tuviste dificultades. Si tuviste dificultades, repásalas al poco tiempo (al día siguiente, por ejemplo) hasta que lo consigas sin demasiados apuros. Entonces debes posponer el repaso de estas unidades dejando pasar un plazo de tiempo mayor, y mientras tanto puedes empezar a estudiar otras. Si en el siguiente repaso te cuesta evocar una unidad (o alguna parte de ella), vuelve a reducir el plazo para el siguiente repaso; de lo contrario, amplíalo más. Sigue esta dinámica modulando los plazos de los repasos y entrelazando unidades hasta haber conseguido evocar cada unidad hasta tres veces sin excesivas dificultades.

No practiques la evocación de una misma cosa varias veces en la misma sesión (no «sobreestudies»); es mejor que aplaces la repetición, sobre todo si ya lo has hecho correctamente. Dedica el tiempo a repasar otras unidades o estudiar nuevos temas.

El estudio elaborativo y el repaso espaciado en el tiempo por medio de la evocación son estrategias que, combinadas, te ayudarán a sacar partido a tu cerebro. Sin embargo, aún hay otras cosas que puedes tener en cuenta para aprovechar todo su potencial. Te hablaré de ellas en el siguiente capítulo.

CAPÍTULO 4

Para aprender... ¡CÉNTRATE!

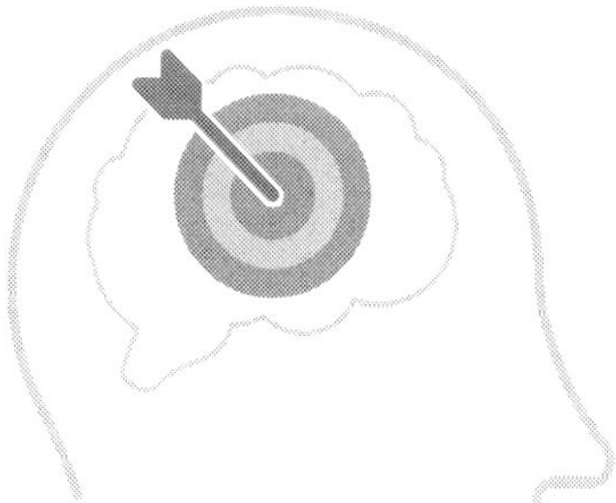

Si deseas que un nuevo conocimiento se consolide en tu memoria y puedas acceder a él cuando lo necesites, es vital que reflexiones sobre su significado y practiques su evocación. Por ejemplo, empleándolo para resolver un problema. Sin embargo, nada de esto será posible si antes no haces algo esencial: ¡adquirirlo!

Para adquirir nuevos conocimientos, la información de tu entorno debe alcanzar tu cerebro a través de los órganos de los sentidos. Sin embargo, con eso no es suficiente. Hay muchas cosas que tus sentidos captan pero que nunca llegas a percibir. Por ejemplo, en este momento es probable que no percibas la presión que el respaldo de tu asiento ejerce sobre tu espalda. Hasta ahora.

Para que una información pueda llegar a ser aprendida, antes debe ser percibida. Sin embargo, nuestro cerebro solo puede manejar una pequeña parte de toda la información que recibe en cada momento.

LA MEMORIA DE TRABAJO

Hay aspectos en los que nuestro cerebro sí se parece a un ordenador. Por ejemplo, ambos disponen de un tipo de memoria que sirve para sostener una cantidad limitada de información mientras operan con ella. En los ordenadores se conoce como *memoria RAM*. En el caso del cerebro, la llamamos *memoria de trabajo* y es ese espacio mental donde se encuentran representadas aquellas cosas a las que estás prestando atención en cada momento. Simplificando, podríamos decir que es la parte consciente de tu mente.

La memoria de trabajo se llena con la información que estás percibiendo ahora mismo de tu entorno a través de cualquiera de tus sentidos. Pero también con información que procede de tus recuerdos y conocimientos, es decir, información que se encuentra almacenada en tu memoria a largo plazo. Así, cuando evocas un recuerdo o conocimiento, lo que haces es llevarlo de tu memoria a largo plazo a tu memoria de trabajo. De esta manera lo sitúas en el plano consciente de tu mente. Por ejemplo, si te pido que pienses en un elefante, lo que haces es activar la imagen de un elefante que estaba en tu memoria a largo plazo y la introduces en tu memoria de trabajo.

EL «LUGAR» DONDE OCURRE EL APRENDIZAJE

La memoria de trabajo no solo nos permite sostener información mentalmente de manera temporal, sino que también nos permite manipularla. Por ejemplo, seguro que te resulta fácil imaginar el elefante de antes subido en una pelota y con un sombrero mexicano.

También manipulas la información con tu memoria de trabajo cuando tratas de resolver un problema, esto es, cuando razonas. De hecho, la vocecita que te habla internamente (y que ahora te lee estas palabras) es parte de tu memoria de trabajo.

En efecto, la memoria de trabajo es el mecanismo que te permite recordar, imaginar y también razonar. Además, es el espacio mental en el que estableces las conexiones entre tus conocimientos y la nueva información que recibes. Y como sabes, estas conexiones son fundamentales para que se produzca el aprendizaje. ¡Todo lo que aprendemos de manera consciente debe pasar antes por la memoria de trabajo! La memoria de trabajo es la antesala de la memoria a largo plazo.

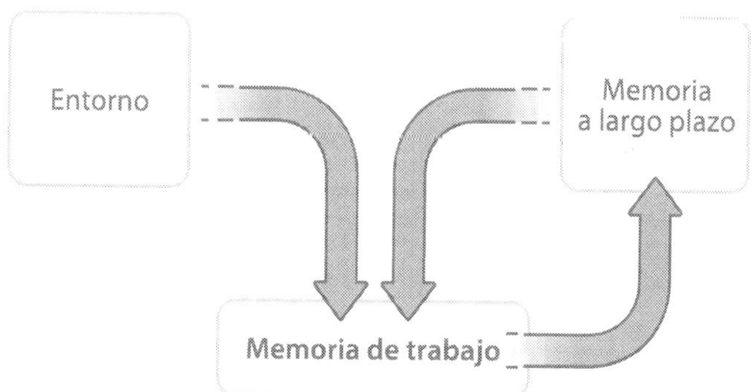

La memoria de trabajo recibe información tanto del entorno como de la memoria a largo plazo. Para que una información procedente del entorno alcance nuestra memoria a largo plazo antes debe pasar por la memoria de trabajo.

Aprender mientras duermes

La idea de que puedes aprender si te pones unos auriculares con la lección mientras duermes es completamente falsa. Si la información no pasa por tu memoria de trabajo, lo que solo ocurre si eres consciente de ella, olvídate de que llegue hasta tu memoria a largo plazo.

UN RECURSO LIMITADO

Si toda la información que deseamos aprender debe pasar por la memoria de trabajo, hay algo muy importante que debemos tener en cuenta: ¡la memoria de trabajo tiene una capacidad muy limitada! Es decir, solo puede manejar una cantidad reducida de información en cada momento. Esto la convierte en un cuello de botella que restringe nuestro empeño por aprender.

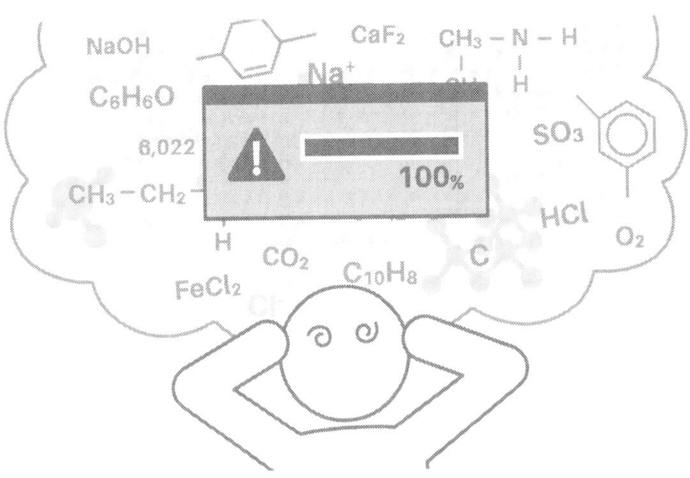

Puedes comprobar fácilmente lo limitada que es la memoria de trabajo si tratas de memorizar una secuencia de números cada vez más larga. Por ejemplo, seguro que no te cuesta mucho sostener en tu memoria de trabajo esta secuencia tras leerla una sola vez: 4275. En cambio, te resultará mucho más difícil hacerlo con esta otra: 273981654328. También puedes apreciar los límites de la memoria de trabajo cuando manipulas información. Por ejemplo, quizás no te resulte muy difícil calcular mentalmente esta operación: 4 × 13. En cambio, es poco probable que puedas resolver esta: 37 × 961.

Si has tratado de realizar la segunda operación sin lápiz y papel, probablemente hayas notado la desagradable sensación que se produce cuando tu memoria de trabajo se satura. En ese momento, no podemos continuar y vaciamos la memoria de trabajo de golpe, lo que nos obliga a empezar de nuevo con lo que estuviéramos tratando de hacer. Por eso, es muy importante mantener a raya la carga de la memoria de trabajo mientras estudiamos.

LA CARGA COGNITIVA

Cualquier información que acceda a la memoria de trabajo consumirá parte de sus recursos, es decir, producirá «carga cognitiva». Por ello, resulta crucial que diferenciemos entre dos tipos de carga cognitiva que se pueden dar cuando estudiamos:

- **Carga cognitiva relevante**: es aquella producida por la información que estamos tratando de aprender, así como las operaciones mentales que hacemos con ella.

- **Carga cognitiva superflua**: es toda aquella información que accede a nuestra memoria de trabajo pero que no está relacionada con lo que deseamos aprender.

La carga cognitiva superflua, por lo tanto, corresponde a todo aquello que podemos considerar una distracción. Puede proceder tanto del entorno (como el ruido ambiental) como de nuestra memoria a largo plazo (como cuando nos invaden pensamientos que no están relacionados directamente con lo que estamos tratando de aprender).

Cuando experimentamos carga cognitiva superflua, nos quedan menos recursos que dedicar a la carga relevante, y por lo tanto estamos desaprovechando parte del potencial de la memoria de trabajo para aprender. Estos recursos son especialmente importantes cuando lo que aprendemos es nuevo para nosotros o nos resulta complejo.

No podemos entrenar la memoria de trabajo

La memoria de trabajo no es como un músculo que se pueda ejercitar para hacerlo más fuerte. En otras palabras, su capacidad no incrementará porque la sometamos a mucha carga cognitiva con frecuencia.

De hecho, la única manera de optimizar la memoria de trabajo cuando aprendemos algo es obteniendo conocimientos sólidos sobre ello. Las cosas que ya sabemos sobre lo que estamos aprendiendo ocupan menos recursos de la memoria de trabajo, por lo que dejan espacio para los datos e ideas que nos resultan nuevos.

LA ATENCIÓN

Puesto que la capacidad de la memoria de trabajo es muy limitada, es clave controlar qué información la ocupa mientras estudiamos. La atención es precisamente el mecanismo que nos permite seleccionar la información que entra y se mantiene en la memoria de trabajo en cada momento.

Por desgracia, la atención no funciona plenamente a voluntad (¡como tampoco la memoria!). No podemos elegir no atender aquellos estímulos del entorno que sobresalen, como ruidos, objetos en movimiento, olores, etc. Si no fuera así, ¡probablemente ya nos hubiéramos extinguido como especie! Sin embargo, aunque esto sea muy útil para ahorrarnos calamidades, nos dificulta un poco la tarea de estudiar. Por si fuera poco, tampoco resulta fácil evitar pensar en cosas que no están relacionadas con lo que estamos estudiando, en especial si estamos cansados o si preferiríamos estar haciendo otra cosa.

Aunque nuestra atención puede llegar a lidiar con todo tipo de distracciones y conseguir mantener el foco donde queremos, es importante tener en cuenta que ignorar los estímulos que nos bombardean, así como los pensamientos inoportunos, no sale gratis: produce fatiga mental. Esto resulta evidente, por ejemplo, cuando suspiramos aliviados después de que un ruido constante desaparezca del ambiente, a pesar de que lo hubiéramos conseguido ignorar hasta entonces. Cuantas más distracciones debamos ignorar, antes agotaremos nuestros recursos mentales.

Por todo ello, es muy recomendable que tratemos de eliminar de nuestro entorno de estudio todos los elementos que pueden distraernos. En especial aquellos que sabemos que nos atraen mucho, como el teléfono móvil o la televisión. También es recomendable reflexionar sobre si resulta conveniente poner música o no.

ESTUDIAR CON MÚSICA

Si eres de esos estudiantes a los que les gusta estudiar con música, debes tener en cuenta que la música en el entorno genera carga cognitiva superflua, porque es un estímulo sensorial no relacionado con lo que estudias. Por eso es muy importante que identifiques por qué motivo lo haces:

- Hay estudiantes que utilizan la música para enmascarar el ruido de su entorno de estudio. Si no puedes evitar que haya ruido donde estudias y no tienes tapones para los oídos, entonces la música puede ayudarte. Esto es así porque, a pesar de ser un distractor, es más fácil ignorar una música conocida que los ruidos impredecibles del entorno, sobre todo si incluyen voces. En este caso, la música es el distractor «menos malo».

- Hay estudiantes que tienen serias dificultades para concentrarse en la tarea de estudio, incluso en silencio, porque les invaden todo tipo de pensamientos ajenos a lo que tratan de aprender. Para algunos de ellos, la música puede actuar también como un distractor preferible, ya que les ayuda a enmascarar unas distracciones con otra que les resulta más fácil de ignorar.

- Finalmente, hay estudiantes que se ponen música para hacer más llevadero el tiempo dedicado al estudio, esto es, con la intención de automotivarse. Es obvio que si la alternativa a estudiar con música es no estudiar, hacerlo con música será mejor. Pero en este caso hay alternativas mejores que no restarán eficacia al tiempo de estudio.

En cualquiera de estas situaciones, la música será un distractor y, como tal, consumirá parte de nuestros recursos mentales. Por eso, siempre que nos resulte posible, será mejor estudiar en silencio. En caso de hacerlo con música, procura que no tenga letra y que sea más bien relajante.

Hacer dos cosas a la vez

Las limitaciones de la memoria de trabajo explican por qué no podemos hacer dos cosas a la vez. Cuando creemos que lo hacemos, en realidad estamos alternando rápidamente nuestro foco de atención entre una cosa y la otra. Y esto tiene un precio: acabamos haciendo las dos cosas peor que si hiciéramos primero una y luego la otra.

Por ejemplo, trata de contar del 1 al 20 y luego del 20 al 1. Ahora trata de alternar una cosa y otra: 1, 20, 2, 19, etc. ¿De qué manera has tardado más? Pues imagina si te pido que resuelvas una operación como 12 × 15 mientras sigues leyendo. Imposible, ¿verdad?

Solo existe una situación en que podemos hacer más de una cosa a la vez: cuando hemos automatizado alguna de ellas. Las tareas automatizadas son las que hemos aprendido tan bien que ya ni siquiera necesitamos pensar en ellas para hacerlas. Esto significa que ya no ocupan espacio en nuestra memoria de trabajo. Por eso resulta útil automatizar procesos como la resolución de las tablas de multiplicar, por ejemplo.

PARA CENTRARTE MEJOR, ¡DESCONCÉNTRATE!

La moraleja de todo lo dicho hasta aquí es que, cuando estudiamos, lo más efectivo es concentrarnos al máximo en lo que estamos haciendo. Sin embargo, para mantener la concentración, en especial cuando nos ofuscamos con algo, resulta beneficioso hacer pausas de vez en cuando para descansar mentalmente. Durante las pausas, le damos a nuestro cerebro una oportunidad para organizar mejor la información y recargar pilas. De esta forma, cuando volvamos a centrarnos en la tarea, estaremos en mejores condiciones para avanzar con ella.

Por eso vale la pena planificar nuestras sesiones de estudio incluyendo momentos en que podamos descansar. En dichos descansos, además, podremos ofrecernos recompensas por nuestro esfuerzo que consistan en hacer cosas que nos gusten. Como escuchar música.

ESTRATEGIAS DE APRENDIZAJE

En este capítulo te he presentado la memoria de trabajo: el espacio mental que nos permite sostener información y manipularla de manera consciente. Cualquier información que queramos aprender debe pasar por ella antes de alcanzar la memoria a largo plazo, donde finalmente podrá ser almacenada. Pero, por desgracia, la memoria de trabajo es un recurso limitado, porque solo puede manejar una cantidad de información muy reducida al mismo tiempo. Por eso, si deseamos aprovechar todo su potencial mientras estudiamos, es muy recomendable seguir las estrategias siguientes:

Reduce los posibles distractores de tu entorno de estudio. (I)

- Si es posible, elige un lugar tranquilo para estudiar, en el que no haya mucho movimiento a tu alrededor. ¡Los objetos que se mueven atraen nuestra atención!

Reduce los posibles distractores de tu entorno de estudio. (II)

- Es preferible que estudies en silencio. Pero si eres de los que necesitan la música para concentrarse o la usan para enmascarar el ruido ambiental, al menos emplea música relajante, que te resulte conocida y, sobre todo, que no tenga letra (en especial si es en un idioma que entiendes).

- Pon el teléfono móvil en modo avión y... ¡escóndelo de tu vista! Cualquier otro dispositivo que no uses para estudiar, también mejor si está apagado y fuera de tu alcance.

- Pide a tus familiares o compañeros de piso que, por favor, no te molesten mientras estás estudiando (a no ser que sea una cuestión de vida o muerte, claro).

Organiza tus sesiones de estudio. (I)

- Establece una rutina de estudio que, para una misma sesión, combine ratos de estudio y tiempos de descanso. Obviamente, los tiempos de descanso deben ser más breves que los periodos de estudio. Además, es crucial que te tomes la rutina en serio (¡sobre todo cuando toca volver al estudio!). Para ello puede resultarte útil emplear un temporizador. Mejor si es un temporizador real, como el del dibujo. Pero si no tienes uno, puedes programar varias alarmas seguidas en tu teléfono móvil. En este caso, mantenlo en modo avión y en un lugar donde no lo veas mientras estudias.

Organiza tus sesiones de estudio. (II)

- Utiliza los periodos de descanso para desconectar y hacer cosas que te relajen y que no impliquen mucha concentración: escuchar música, hablar con alguien, pasear, bailar, echar un vistazo a las redes sociales, etc. En otras palabras, ofrécete recompensas por el esfuerzo realizado y por el que vas a seguir haciendo a continuación.

Organiza tus sesiones de estudio. (III)

- Si eres de los que pone música cuando estudia para que el esfuerzo resulte más llevadero, te recomiendo encarecidamente que reserves los periodos de descanso para hacerlo y no la pongas mientras estudias. Es más, emplea los descansos para hacer aquellas cosas que te apetezcan y recarga pilas para seguir estudiando un rato más. De esta manera tu esfuerzo será muchísimo más eficiente. Recuerda que tratar de hacer dos cosas a la vez es tiempo perdido: ni sacas todo el provecho al estudio ni disfrutas de la música plenamente. Lo mismo es aplicable para cualquier otra distracción que trates de combinar con el estudio.

Dosifica el aprendizaje. (I)

- Las cosas que ya has aprendido bien ocupan menos recursos de la memoria de trabajo, por lo que dejan espacio para los datos e ideas que te resultan nuevos. Por ello, si estás estudiando algo complejo, es muy importante que planifiques tu estudio para ir avanzando de forma gradual, empezando por los conceptos más simples y avanzando progresivamente hacia los más elaborados. Recuerda lo importante que es dormir para que el cerebro vaya consolidando lo aprendido, así que trata de distribuir los objetivos de aprendizaje a lo largo de varios días.

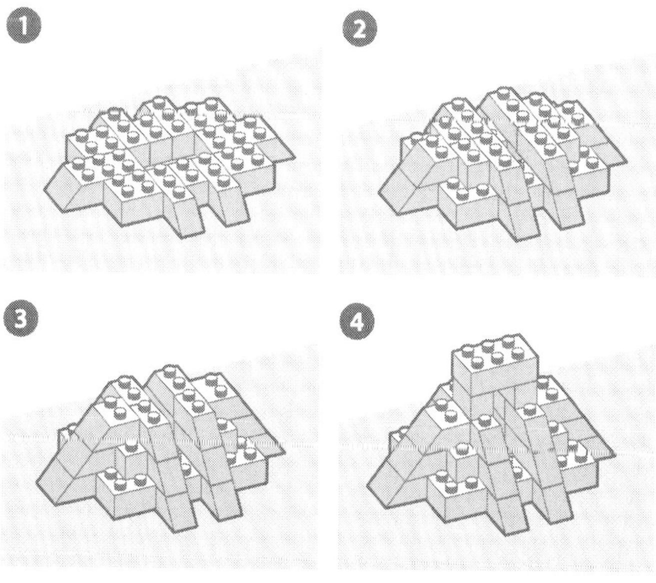

Dosifica el aprendizaje. (II)

- Si estás aprendiendo un nuevo procedimiento, como la manera de resolver un problema matemático o formular compuestos químicos, no tengas reparo en escribir todos los pasos que vayas siguiendo. ¡Hacer esto libera recursos en tu memoria de trabajo! Si no me crees, fíjate en las dificultades que tendrías para resolver mentalmente una operación matemática como 187 × 56, con lo fácil que te sería hacerlo usando lápiz y papel. Esto es así porque a medida que avanzas con la operación, necesitas ir sosteniendo cada vez más información en tu memoria de trabajo. Información que estás guardando para realizar los pasos finales de la operación, pero que no necesitas durante los pasos intermedios. Por eso ir anotando cada paso te hace las cosas más fáciles.

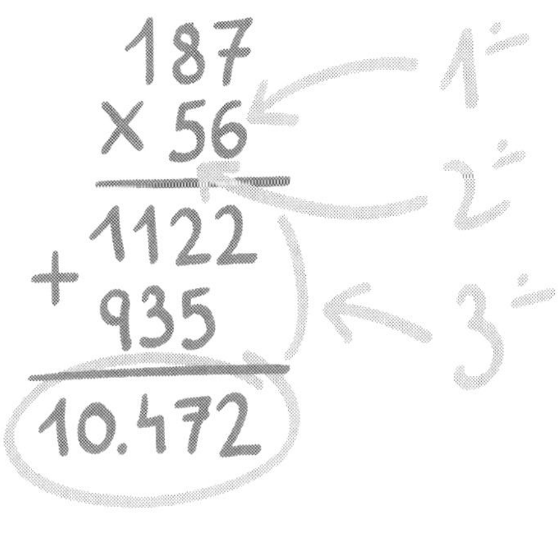

Dosifica el aprendizaje. (III)

- Emplear representaciones gráficas o incluso manipulativas (objetos físicos) de lo que tratas de aprender también resulta de gran ayuda, porque reduce la cantidad de información que debemos sostener y manipular en la memoria de trabajo. Así que, siempre que puedas, apóyate en recursos externos para reducir la carga cognitiva.

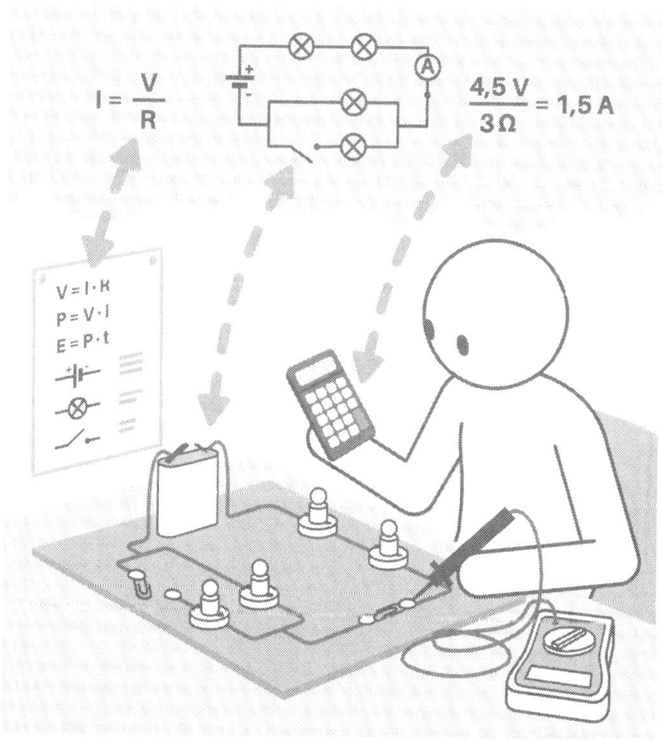

Dosifica el aprendizaje. (IV)

- Si estás pensando que prefieres «ejercitar» la memoria de trabajo para «reforzarla» y no hacer las cosas que he recomendado hasta aquí, recuerda que la capacidad de la memoria de trabajo no se puede incrementar. Por mucho que trates de «ejercitarla» llevándola al límite, no conseguirás nada. Al contrario, estarás desperdiciando recursos que podrías dedicar a mejorar tu aprendizaje, pues la memoria de trabajo es donde se realizan las conexiones entre lo que aprendemos y lo que ya sabemos. Por otro lado, aunque la memoria de trabajo no se puede incrementar, sí podemos usarla de manera más eficaz si obtenemos conocimientos sólidos y automatizamos determinadas tareas: lo que está bien aprendido apenas ocupa espacio en la memoria de trabajo cuando lo necesitamos.

Utiliza distintos canales de aprendizaje.

- La memoria de trabajo puede manipular información de distintas modalidades, en especial, información visual y auditiva. Pero lo más interesante es que cuenta con «compartimentos» independientes para cada tipo de información. Esto significa que si para aprender usamos los dos canales a la vez, visual y auditivo, entonces podemos sacarle mayor partido. Por lo tanto, siempre que te resulte posible, busca representaciones visuales de lo que estás aprendiendo (gráficos, animaciones, vídeos, etc.) que complementen los textos. Por cierto, aunque los textos accedan a nuestra mente por vía visual, los lectores expertos hemos automatizado su conversión a información auditiva: esa vocecita que te lee las palabras en tu memoria de trabajo.

Ahora que ya sabes todo lo que puedes hacer para que el tiempo y el esfuerzo que dedicas a aprender resulte más productivo, solo me queda explicarte un par de cosas más que también son muy importantes para el aprendizaje. De hecho, la primera de ellas es algo que no puede faltarte. Es la clave del capítulo siguiente.

CAPÍTULO 5

Para aprender... ¡CONFÍA!

¿Sabías que el cerebro de las personas que han sufrido una lesión cerebral puede llegar a reconfigurarse para recuperar total o parcialmente las funciones afectadas? Por medio de un entrenamiento adecuado, estas personas pueden recobrar parte de las habilidades que habían perdido. Incluso en casos extremos, como el de niños a los que, para combatir una grave enfermedad, se les tuvo que extirpar un hemisferio cerebral (la mitad del cerebro), es posible conseguirlo.

El cerebro es extraordinariamente plástico. Su función es adaptarse a las circunstancias y dotarnos de los conocimientos y las habilidades que el entorno nos exige adquirir para sobrevivir. La plasticidad del cerebro es lo que nos permite aprender. Porque aprender es adaptarse.

Aprender es el superpoder de nuestro cerebro.

QUERER APRENDER

En los capítulos anteriores has descubierto las acciones y circunstancias que harán más eficaces tus esfuerzos por aprender. Sin embargo, hay una cosa que es tan o más importante que saber cómo aprender: querer hacerlo. En efecto, para aprender, igual que para cualquier otro propósito, la motivación es clave.

Pero estar motivado para aprender no hace por sí mismo que tu memoria sea más eficaz. La motivación es crucial para aprender porque sustenta las acciones que conducen al aprendizaje. Es decir, la motivación hace que dediquemos más tiempo, atención y esfuerzo a las tareas de aprendizaje. Por lo tanto, saber motivarse para aprender forma parte del repertorio de estrategias del buen estudiante.

MOTIVARSE PARA APRENDER

¿De qué depende nuestra motivación para aprender algo? En primer lugar, es evidente que el valor que damos a lo que aprendemos influye en nuestras ganas de aprenderlo. Si lo que vamos a aprender nos interesa, estaremos más motivados para aprenderlo. Este interés puede ser genuino, como cuando se trata de un tema que nos gusta o cuando el profesor consigue que la lección resulte fascinante. O bien puede ser un interés indirecto, lo que ocurre cuando nos interesa aprender algo porque ello nos permitirá alcanzar otras metas que son importantes para nosotros, como por ejemplo resolver un problema cotidiano o acceder a una carrera o una profesión determinada.

Sin embargo, quizás te sorprenda saber que el interés no es lo más importante para la motivación. Hay otro factor que es aún más relevante cuando se trata de estar motivados para aprender algo: la confianza que tengamos en nuestra capacidad para aprenderlo. En otras palabras, si no nos creemos capaces de aprender algo, difícilmente haremos el esfuerzo necesario para conseguirlo. Y además, perderemos el interés en ello. Para aprender algo es necesario confiar en que lo podemos aprender.

Para aprender algo es necesario confiar en que lo podemos aprender.

TODOS PODEMOS APRENDER DE TODO

La buena noticia es que nuestro cerebro está capacitado para aprender sobre cualquier cosa, ya sean matemáticas, ciencias o un nuevo idioma, por ejemplo. Es evidente que a cada uno le puede costar más aprender unas cosas que otras, y que el nivel que cada uno alcanzará será distinto. Pero, salvo casos extremos, el cerebro de todos nosotros puede lograr niveles de competencia considerables en cualquier área si se le da la oportunidad. Se trata de perseverar y emplear las mejores estrategias para aprender, aquellas que harán que nuestros esfuerzos no sean en vano. Sí, son las estrategias que has aprendido en este libro.

Sin embargo, la mayoría de nosotros no confía tanto en su cerebro. Con frecuencia, nos creemos capaces de aprender unas cosas pero incapaces de aprender otras. Y esto es así porque confundimos nuestra habilidad inicial con el hecho de que podamos o no aprender algo. Es decir, cuando algo nos cuesta al principio, cuando no se nos da bien de entrada, interpretamos que no podremos aprenderlo nunca y nos desmotivamos. Por otro lado, cuando sucede lo contrario, es decir, cuando algo se nos da bien inicialmente, entonces nos convencemos de que «es lo nuestro». Y de esta manera nos ponemos etiquetas (o nos las ponen los demás) y nos conformamos con ello.

MENTALIDADES DE APRENDIZAJE

Algunos científicos sugieren que, ante el reto de aprender algo, podemos adoptar dos tipos de mentalidad sin darnos cuenta. Las personas que adoptan una «mentalidad fija» son quienes piensan que su habilidad o su falta de ella es un rasgo innato (de nacimiento) y que esta no se puede cambiar por mucho que estudien.

Cuando estas personas perciben que algo no se les da bien de inicio, no creen que sus esfuerzos puedan dar frutos y no confían en que las buenas estrategias les puedan ayudar. Por ello, tratan de evitar mostrar sus supuestas debilidades: no lo intentan, no piden ayuda y rehúyen responder a preguntas (especialmente en público) haciendo bromas o poniendo excusas de todo tipo. Creen que si se equivocan, estarán reflejando una supuesta incapacidad, así que evitan arriesgarse y optan por proteger su imagen. Incluso, en ocasiones, optan por autoboicotear sus esfuerzos por aprender para poder excusarse en que no lo intentaron.

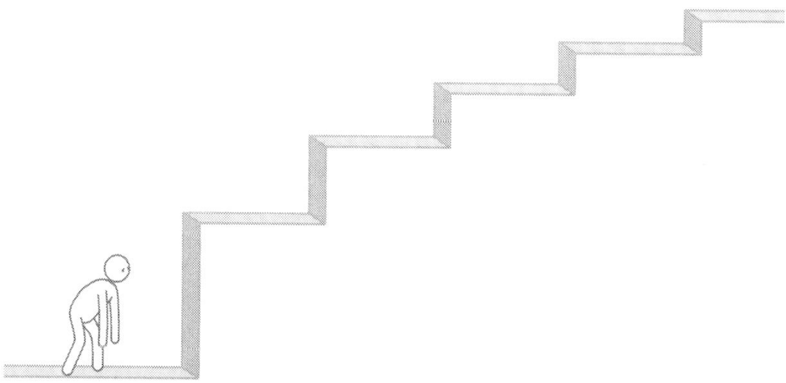

En cambio, las personas que adoptan una «mentalidad de crecimiento» son aquellas que, ante las dificultades, comprenden que los errores forman parte del proceso de aprendizaje. Esto es, entienden que es normal que algo les cueste al principio, pues aún tienen que aprenderlo. Por supuesto que también sufren cuando fracasan. Pero lo que las diferencia de quienes tienen una «mentalidad fija» es la forma en que interpretan el fracaso: no lo ven como algo definitivo, sino como una indicación de aquello que deben mejorar. Por eso se esfuerzan más, no tienen problemas en buscar ayuda y persisten ante la adversidad.

Tabla: Algunas de las características que definen cada tipo de mentalidad ante un reto de aprendizaje concreto.

Cuando una persona adopta una mentalidad fija...	Cuando una persona adopta una mentalidad de crecimiento...
Cree que su habilidad en un área de conocimiento no puede cambiarse.	Cree que su habilidad en un área de conocimiento es moldeable.
Percibe el error como una evidencia de su incapacidad para aprender algo.	Ve el error como algo lógico y necesario en el proceso de aprendizaje.
Se enfoca a proteger la propia imagen.	Se enfoca a aprender.
Se distrae durante la tarea de aprendizaje con dudas sobre sí podrá superarla o no.	No se distrae durante la tarea de aprendizaje con pensamientos relativos a su desempeño.
No arriesga si no lo ve claro.	Arriesga, lo intenta, se pone a prueba.
Los retos o las críticas le hacen ponerse a la defensiva.	Los retos o las críticas la motivan.
No está dispuesta a asumir los errores y a aprender de ellos.	Está abierta a asumir los errores y a aprender de ellos.
Si falla, abandona.	Si falla, persiste.
Cree que las personas que necesitan esforzarse no son hábiles.	Cree que para conseguir ser bueno en algo hay que esforzarse mucho aunque se tenga talento.
Se siente amenazada por las personas que destacan.	Se siente inspirada por las personas que destacan.
Considera que buscar ayuda demuestra debilidad.	Busca ayuda para aprender más y mejor.

MENTALIDAD FIJA Y BUENAS NOTAS

Es importante aclarar que la «mentalidad fija» no es necesariamente la de los estudiantes que tienen dificultades. En realidad, la mayoría de los estudiantes que sacan buenas notas adoptan esta mentalidad: creen que su capacidad para los estudios es algo innato.

Esto no es un problema mientras las cosas les van bien. Pero cuando se tuercen, lo que puede suceder sobre todo en cursos superiores, esta mentalidad les dificulta buscar ayuda y confiar en la mejora que pueden conseguir si cambian su forma de aprender. De hecho, interpretan que tener que buscar ayuda es signo de incapacidad, de la misma manera que pueden creer que esforzarse solo es necesario si no tienes aptitudes. En realidad, muchos de estos alumnos procuran ocultar que deben esforzarse para obtener buenos resultados.

En cualquier caso, debo subrayar que las personas no se distinguen por tener una mentalidad u otra. Todos adoptamos ambas mentalidades, solo que depende de la habilidad en cuestión. Por ejemplo, uno puede tener una «mentalidad de crecimiento» para los idiomas y, en cambio, una «mentalidad fija» para las matemáticas.

LAS HABILIDADES SON MOLDEABLES

Por lo que sabemos científicamente sobre cómo aprende el cerebro, podemos afirmar que la gran diferencia entre quienes adoptan una «mentalidad fija» y quienes adoptan una «mentalidad de crecimiento» frente a un reto es que los primeros están equivocados en su concepción del aprendizaje. Por suerte, es posible cambiar de mentalidad.

Como he ido comentando a lo largo de este libro, que nuestro cerebro esté «cableado» de una manera determinada no significa que no lo podamos cambiar. En realidad, en eso consiste precisamente el aprendizaje: en «recablear» el cerebro para hacernos capaces de realizar cosas que antes no podíamos.

Nuestros rasgos innatos (de nacimiento) y nuestras experiencias previas determinan cómo está «cableado» nuestro cerebro. Esto nos proporciona una ventaja o desventaja inicial para aprender cada tipo de habilidad o conocimiento. Pero en cualquier caso, el cerebro es extraordinariamente plástico, y es capaz de modificarse para lograr niveles de desempeño notables en lo que sea que tratemos de aprender. Eso sí, requerirá de cierto tiempo y esfuerzo. Y para no abandonar en el intento, hay que entender que los fracasos, aunque duelan, son parte del proceso de aprendizaje. También debemos emplear buenas estrategias de aprendizaje para que nuestro esfuerzo tenga mayor probabilidad de ser recompensado. Esforzarse mucho y fracasar es muy desmotivador. Por eso hay que esforzarse de manera eficaz.

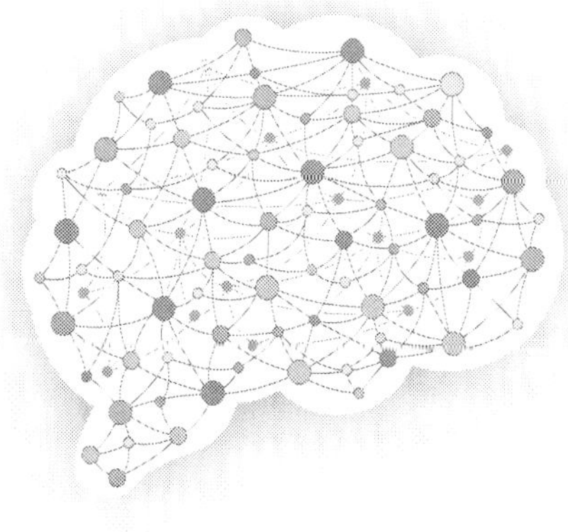

En cualquier caso es muy importante que tengas claro que el esfuerzo y las buenas estrategias no son una garantía absoluta e infalible para alcanzar cualquier meta de aprendizaje. El esfuerzo es necesario para alcanzar tus metas, y las buenas estrategias, una formidable ayuda para lograrlo. Pero hay otros factores que pueden ponértelo difícil. Por eso, la ayuda que otras personas te puedan brindar y la perseverancia ante los fracasos también jugarán un papel fundamental. Obviamente, cuánto desees perseverar dependerá del valor que otorgues a tus metas de aprendizaje.

¿Solo empleamos una pequeña parte del cerebro?

Seguro que en más de una ocasión habrás oído la frase de que «solo usamos un 10% de nuestro cerebro». Sin embargo, esto no es cierto. Nuestro cerebro opera a pleno rendimiento, siempre trabajando en función de las circunstancias. Incluso cuando dormimos, el cerebro está ocupado llevando a cabo diversas tareas. Entre ellas, reconfigurar sus circuitos para consolidar lo aprendido durante el día anterior.

Si hay un potencial del cerebro que quizás desaprovechemos, es su capacidad para aprender. Cuando algo no se nos da bien, creemos que no podremos aprenderlo. Y por ello abandonamos. Si abandonamos, entonces seguro que no lo aprenderemos. Sin embargo, el cerebro es capaz de ello y de cosas mucho más extraordinarias. Eso sí, necesita su tiempo, oportunidades, buenas estrategias de aprendizaje y... ¡perseverancia!

REGULAR LAS EMOCIONES

Sea cual sea la mentalidad que adoptemos ante un reto de aprendizaje, los fracasos siempre duelen. Nos producen emociones negativas, como tristeza, vergüenza o ansiedad, que nos resultan muy desagradables. Saber gestionar estas emociones es clave para no perder la motivación.

Además, hay emociones como el miedo y la ansiedad que afloran cuando dudamos sobre nuestra capacidad para superar un reto de aprendizaje. Si estas emociones son muy intensas, no ayudan a que lo consigamos, todo lo contrario. Las emociones intensas secuestran los recursos de nuestra memoria de trabajo y alteran nuestra capacidad de atención, los cuales son esenciales para aprender y para lograr un buen desempeño en las pruebas de evaluación.

Aunque demasiados nervios durante un examen o una presentación en público no son beneficiosos, un nivel moderado de inquietud nos mantiene despiertos y mejora nuestro rendimiento. Por ello, los buenos estudiantes emplean estrategias para lidiar con sus emociones y mantenerlas en niveles óptimos, tanto antes como durante las pruebas de evaluación. Aunque como con el resto de estrategias efectivas, muchas veces las aplican sin saberlo.

Una de las claves de estas estrategias consiste en adoptar una «mentalidad de crecimiento», es decir, creer en la propia capacidad para aprender, relativizar los errores y los fracasos, y confiar en la ayuda que ofrecen las buenas estrategias de aprendizaje.

ESTRATEGIAS DE APRENDIZAJE

Como has visto en este capítulo, saber cómo funciona tu memoria y qué puedes hacer para extraer todo su potencial es importante para alcanzar tus metas de aprendizaje, pero no servirá de nada si crees que hagas lo que hagas no conseguirás aprender. Es decir, no sirve de nada que conozcas las estrategias de aprendizaje que te he revelado en este libro si no las pones en práctica. Por eso es importante que cuides de tu propia motivación y aprendas a regular tus emociones.

Las estrategias e ideas que te pueden resultar útiles en este sentido son las siguientes:

Cree en ti mismo.

- Ya sé que es muy fácil decir que hay que creer en uno mismo, pero no resulta tan fácil hacerlo. De todas maneras, en este libro te he revelado muchas cosas sobre tu cerebro que pueden ayudarte a conseguirlo. No te las he explicado para animarte. Soy un científico, y tanto si las evidencias reflejan algo que nos gusta como si no, mi deber es compartirlo. Por suerte, en este caso la investigación sobre el cerebro nos trae buenas noticias: a cada uno puede costarle más o menos, y no todos alcanzaremos los mismos resultados, pero todos podemos lograr niveles de competencia considerables en cualquier área de conocimiento. Desgraciadamente, los casos de trastornos intelectuales graves serían una excepción, pero todos podemos mejorar nuestras habilidades con entrenamiento y estudio. Incluso las personas con dificultades de aprendizaje específicas, como por ejemplo la dislexia (una condición que dificulta aprender a leer y escribir), pueden conseguir superarlas. Eso sí, con mucho más esfuerzo y dedicación que quienes no las sufren.

No atribuyas tus éxitos y fracasos a causas fijas o incontrolables. (I)

- Si tienes facilidad para los estudios, no te puedo negar que esa habilidad sea parte de la causa de tus éxitos académicos. Sin embargo, solo es una ventaja. ¿Qué pasa si llega un día en que no es suficiente? Es importante que entonces comprendas que culpar al profesor, a la dificultad del examen o a cualquier otra cosa que no puedes cambiar no servirá de nada (incluso aunque tuvieras razón). Tampoco debes pensar que tu habilidad innata ha cambiado. Si deseas superar la situación y tienes la oportunidad de hacerlo, prueba con esforzarte más o, aún mejor, revisa tus estrategias de aprendizaje. Recuerda que en ocasiones esforzarse más no sirve para nada: hay que esforzarse mejor.

No atribuyas tus éxitos y fracasos a causas fijas o incontrolables. (II)

- Si eres un estudiante que cree que no está hecho para estudiar, no deberías atribuir tus fracasos a una supuesta incapacidad para aprender. Tu cerebro puede con eso y con mucho más. Más bien reflexiona sobre si estudiaste lo suficiente y, sobre todo, si empleaste las estrategias más eficaces para aprender. De acuerdo, no son la panacea, pero si las empleas y les das una oportunidad, notarás un cambio importante.

- Ten en cuenta que uno de los factores más relevantes para el aprendizaje son tus conocimientos previos, por lo que debes darte tiempo para construir la base de conocimientos que necesitarás para alcanzar metas que ahora te parecen inalcanzables.

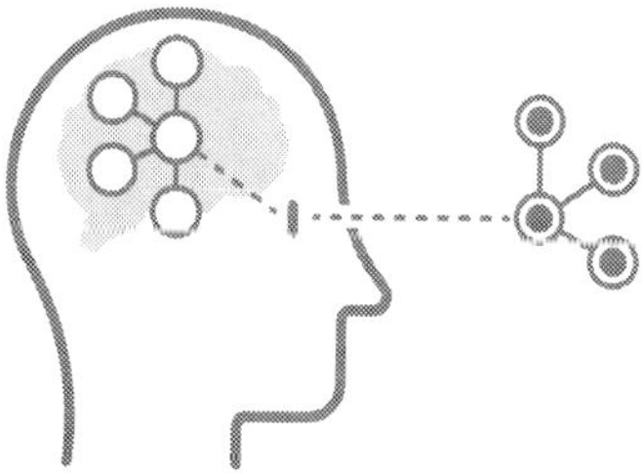

Interpreta los errores y fracasos correctamente.

- A nadie le gusta equivocarse pero todo el mundo lo hace. Nos equivocamos día sí y día también, sobre todo cuando estamos aprendiendo algo. ¡Por eso lo estamos aprendiendo, para equivocarnos menos la próxima vez! Pero incluso los mayores expertos en una disciplina, ya sea académica, artística o deportiva, cometen graves errores. Sin embargo, a pesar del dolor que les producen, los abrazan y aprenden de ellos para seguir mejorando. Por ejemplo, Michael Jordan, uno de los mejores jugadores de baloncesto de la historia, lo expresaba así:

> «He fallado más de 9.000 lanzamientos a canasta en mi carrera. He perdido casi 300 partidos. Hasta 26 veces se me encomendó el lanzamiento de la victoria y fallé. He fallado una y otra y otra vez en mi vida. Y es por ello que he alcanzado el éxito.»

Poniendo este ejemplo no pretendo decir que cualquiera pueda convertirse en el mejor del mundo en aquello que desee, sino que incluso los mejores en su disciplina cometen muchos errores. Por eso, no debemos interpretar los errores como un reflejo de nuestra supuesta incapacidad. Es más, la frase subraya que para aprender y mejorar en cualquier ámbito, es necesario ser capaz de sobreponerse a los fracasos, así como asumir los errores y aprender de ellos.

Piensa en el talento solo como una ventaja. (I)

- De la misma manera que solemos malinterpretar los errores como una prueba de nuestra supuesta incapacidad, también malinterpretamos los talentos. Que tengamos cierto talento para algo no significa que solo seamos capaces de aprender sobre ello. Tampoco significa que no necesitemos esforzarnos en nuestro aprendizaje. Únicamente se trata de una ventaja con la que contamos para conseguirlo. El talento hace que al principio nos cueste menos aprender algo, pero no es suficiente por sí solo para alcanzar metas de aprendizaje superiores. Sin trabajo y esfuerzo, el talento sirve de poco.

Piensa en el talento solo como una ventaja. (II)

- Que no tengamos un talento especial para algo cuando empezamos a aprenderlo tampoco significa que no lo podamos aprender. Los expertos en cualquier profesión suelen ser personas normales que han estudiado o entrenado mucho. No obstante, acostumbramos a ignorar el tiempo de dedicación que les ha costado alcanzar el dominio de sus disciplinas. Incluso personas muy destacadas en sus profesiones han tenido que superar grandes dificultades de aprendizaje. Por ejemplo, John Irving tuvo que lidiar con la dislexia para llegar a ser un escritor de éxito, ganador de varios premios literarios e incluso un Óscar al mejor guion adaptado.

Piensa en el talento solo como una ventaja. (III)

- Ten en cuenta que la facilidad para aprender algo no solo es consecuencia de tus rasgos innatos. ¡También depende de tus conocimientos previos! Al fin y al cabo, a medida que aprendes modificas tu cerebro. Por eso, cuanto más aprendes sobre algo, más fácil te resulta aprender nuevas cosas sobre el mismo tema, o en otras palabras, mayor es tu talento para seguir aprendiendo sobre él.

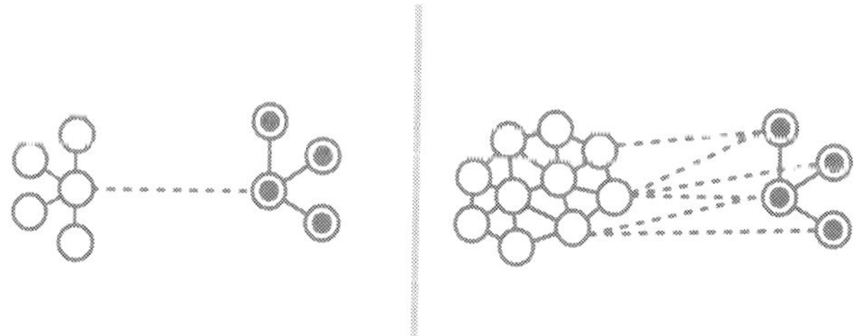

Nota: En este libro nos hemos centrado en los aprendizajes que tienen que ver con adquirir conocimientos y desarrollar habilidades «intelectuales», como el lenguaje, las matemáticas, etc. En el aprendizaje de habilidades «motrices», como la danza o los deportes, los talentos y las limitaciones para alcanzar altos niveles de competencia no solo dependen del cerebro, sino que también vienen marcados por las características físicas del individuo.

Utiliza técnicas para regular tus emociones. (I)

- Una de las mejores maneras de regular las emociones que surgen cuando nos enfrentamos a un reto de aprendizaje consiste en seguir las indicaciones anteriores. Interpretar adecuadamente el significado de los fracasos y confiar en uno mismo es fundamental para conseguir mantener las emociones a raya. Sin embargo, por mucho que yo te diga que confíes en ti, y por mucho que te explique por qué tiene todo el sentido que lo hagas (pues tu cerebro puede con ello), difícilmente empezarás a tener confianza si no aprecias mejoras en tus resultados. Si bien la motivación es importante para alcanzar nuevas metas de aprendizaje, lograr alcanzarlas es aún más importante para la motivación. Por eso, las buenas estrategias de aprendizaje, las cuales te ayudarán a sacar el máximo rendimiento de tu esfuerzo, serán clave para mantener tu motivación. Pero debes encontrar la suficiente motivación inicial para ponerlas en marcha. Empezar es tu decisión.

Utiliza técnicas para regular tus emociones. (II)

- Si estudias empleando la práctica de la evocación espaciada, que en el fondo consiste en comprobar que puedes recordar o hacer correctamente lo que aprendiste, podrás saber si estás bien preparado para afrontar la evaluación. Los estudios científicos reflejan que estudiar mediante la práctica de la evocación nos ayuda a sentirnos más seguros y a no quedarnos en blanco durante los exámenes.

- En el caso de que te invadan los nervios antes o durante una prueba, trata de controlar tu respiración y hacerla lenta y profunda. Si puedes, escucha música relajante unos minutos y piensa en algún lugar agradable. Ahora bien, si tienes problemas graves de ansiedad ante los exámenes, entonces es recomendable que visites a un especialista para que te ayude.

Utiliza técnicas para regular tus emociones. (III)

- Otra situación en que es importante regular tus emociones se produce cuando, durante el estudio, hay algo a tu alcance que te motiva más que estar estudiando. Vencer esas tentaciones cuando sabes que deberías estar estudiando forma parte de tu capacidad de regular las propias emociones. En el capítulo anterior mencioné dos maneras de ayudarte a lograrlo: escondiendo de tu campo visual aquellos objetos que te recuerden lo que querrías estar haciendo (como el teléfono móvil) y organizando tus sesiones de estudio de manera que puedas tomarte descansos para hacer aquello que te apetece más, como escuchar música, chatear con los amigos o mirar vídeos en Youtube. Recuerda que para ajustarte a los horarios planificados, un temporizador puede serte útil.

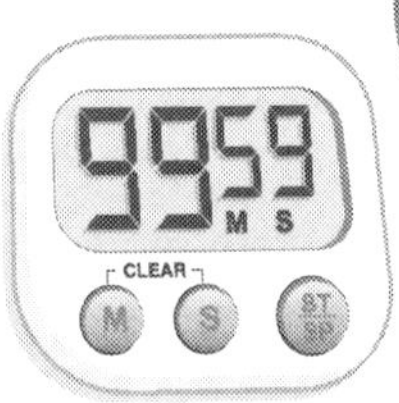

El aprendizaje es algo que ocurre en tu cerebro y, por ello, en última instancia depende de ti. Aun así, las personas que te rodean —y no solo tus profesores— pueden ayudarte a aprender mejor, y tú también puedes ayudarlas a ellas. Por eso, en el siguiente y último capítulo te hablaré del importante papel que juegan las interacciones que puedes mantener con tus compañeros a la hora de alcanzar las metas de aprendizaje que compartís.

CAPÍTULO 6

Para aprender... ¡COLABORA!

Como ya sabes, tu cerebro aprende de todas y cada una de tus experiencias. Esas experiencias incluyen la interacción con otras personas, es decir, las interacciones sociales. De hecho, la mayor parte de las cosas que aprendes a diario procede de situaciones que involucran a otros seres humanos. Incluso cuando crees que estás aprendiendo por tu cuenta, como cuando lees un libro, en realidad estás aprendiendo gracias a que alguien compartió sus ideas y conocimientos por medio de la palabra escrita.

La interacción social más claramente vinculada al aprendizaje es la enseñanza. En realidad, hay pocas formas tan eficaces para promover nuestro aprendizaje como que alguien nos enseñe. Pero incluso cuando interactuamos con otras personas en situaciones en que no hay claramente un enseñante y un aprendiz, también aprendemos. Aprender es una actividad eminentemente social.

HECHOS PARA APRENDER LOS UNOS DE LOS OTROS

Los seres humanos somos una especie social. Nos organizamos en familias y en comunidades para cooperar y así superar todo tipo de retos vitales que difícilmente podríamos superar solos. En la naturaleza existen otros ejemplos de especies sociales, pero ninguna ha sido tan exitosa como la nuestra. Uno de los motivos es que los individuos de nuestra especie no solo son capaces de transmitir su herencia genética a sus descendientes, sino que también pueden regalarles sus extensos conocimientos. A partir de ahí, cada nueva generación puede construir sobre ellos y alcanzar nuevos saberes.

¿Nunca has visto a un niño de apenas cinco años enseñando a sus amigos cómo hacer algo? Enseñar a nuestros semejantes (incluso a otros animales) es algo que hacemos de manera natural, desde que somos bien pequeños. De la misma manera, nuestro cerebro también muestra una clara predisposición por aprender de los individuos de nuestra especie.

En definitiva, si una cosa nos ha permitido destacar como especie es nuestra enorme capacidad de aprender del mundo que nos rodea, y en especial de nuestros semejantes. Aunque no solo *de* ellos, sino también *con* ellos.

Animales con cultura

Además de los seres humanos, otras especies sociales del mundo animal también muestran signos de transferencia cultural entre generaciones, aunque en mucho menor grado que la especie humana. Es el caso de las orcas, por ejemplo. En efecto, las familias de orcas que viven en distintos lugares del mundo cuentan con estrategias de caza diferentes que no están escritas en su ADN, sino que han pasado de una generación a la otra por medio de la interacción social.

Más allá de la situación que se da cuando un profesor nos enseña, hay muchos motivos por los que nuestra interacción con otras personas (como nuestros compañeros de clase) puede contribuir a nuestro aprendizaje, al mismo tiempo que nosotros contribuimos al suyo.

ENSEÑAR PARA APRENDER

Como ya te conté en el capítulo sobre la práctica de la evocación, una de las mejores maneras de afianzar lo que hemos aprendido es tratar de enseñarlo nosotros a otras personas. Así, cuando ayudamos a un compañero que tiene dificultades para aprender algo, nos ayudamos también a nosotros mismos, por diversos motivos:

- Porque cuando enseñamos a alguien lo que hemos aprendido, lo consolidamos en nuestra memoria por el mero hecho de evocarlo y explicarlo con nuestras propias palabras.

- Porque enseñar algo a otra persona, sobre todo si esta tiene dificultades para comprenderlo, a menudo nos obliga a tratar de expresar lo mismo de maneras distintas, lo cual nos lleva a incrementar las conexiones con nuestros conocimientos previos.

- Porque cuando tratamos de hacer comprensible lo que enseñamos, podemos darnos cuenta de las incongruencias o los puntos débiles de nuestros conocimientos.

- Porque las personas a las que enseñamos pueden plantearnos preguntas que nos permitan descubrir nuevas relaciones entre nuestros conocimientos o revelar nuestras lagunas.

En definitiva, hay pocas maneras tan efectivas de consolidar y mejorar nuestro aprendizaje como tratar de enseñar a otras personas. Además, al mismo tiempo también las ayudamos a ellas. Este es un buen ejemplo de cómo la cooperación contribuye al beneficio de todos.

Ahora bien, para que esto suceda no solo es importante estar dispuesto a ayudar, también hay que estar abierto a recibir ayuda cuando la necesitamos. En efecto, en ocasiones nos cuesta reconocer que no comprendemos algo y nos preocupa qué pensarán los demás si pedimos ayuda. Pero como vimos en el capítulo anterior, es mejor adoptar una mentalidad de crecimiento y enfocarnos en el aprendizaje, dejando a un lado nuestras preocupaciones por las apariencias.

El aprendizaje empieza cuando reconocemos que no sabemos algo. Y eso no es grave, pues se resuelve aprendiéndolo.

Con todo, hay otras situaciones sociales que también son enriquecedoras para el aprendizaje de todas las personas implicadas, aunque no haya nadie que haga de «profesor» de los demás. Veámoslas a continuación.

DEBATIR PARA APRENDER

Las conversaciones y, en especial, los debates que mantenemos con otras personas son situaciones únicas para el aprendizaje. Cuando intercambiamos ideas con personas que tienen conocimientos e intereses distintos a los nuestros, nos enriquecemos con sus diferentes perspectivas. De hecho, con frecuencia nos resulta difícil acceder a otros puntos de vista sobre determinados temas porque normalmente preferimos rodearnos de quienes comparten nuestras ideas. En efecto, debatir puede permitirnos aprender, pero lo que aprendamos dependerá de si estamos mínimamente abiertos a la posibilidad de no tener razón, lo cual no es fácil.

Como recordarás, cuando aprendemos construimos redes de conocimientos en nuestro cerebro, conectando lo que sabemos con la nueva información. Pero cuando una nueva información no encaja con nuestras estructuras de conocimientos, entonces experimentamos una *disonancia cognitiva*. Por ejemplo, imagínate que alguien te dice lo siguiente:

El tiempo no transcurre al mismo ritmo en todas partes.

Ante una afirmación como esta, nos sentimos contrariados porque los conceptos que hemos construido en nuestra memoria, así como las relaciones entre ellos, no son compatibles con lo que nos dice la nueva información. Y puesto que rehacer nuestras estructuras de conocimientos es costoso, el cerebro nos impulsa automáticamente a tratar de protegerlas.

Es entonces cuando mostramos nuestro *sesgo de confirmación*: la tendencia que todos tenemos a buscar y recordar preferentemente la información que cuadra con nuestras ideas, así como a ignorar y olvidar la información que no nos encaja.

Por ejemplo, fíjate que cuando alguien pone en duda algo que sabes, sueles buscar en Internet la información que te da la razón, y solo aquella que te la da. Nunca te planteas comprobar si tu interlocutor podría estar en lo cierto. De hecho, si encuentras alguna información que apoya su postura, la descartas o le quitas importancia, y rápidamente la olvidas. En definitiva, cuando percibimos que alguien pone en entredicho la validez de nuestros conocimientos, nos sentimos atacados y el sesgo de confirmación es una respuesta defensiva ante ello.

El hecho es que defender las propias ideas y conocimientos en un debate o una conversación contribuye a que los consolidemos. Nos obliga a darles estructura, a poner ejemplos, a hacer analogías, a buscar más información que los valide, etc. Y, de hecho, nos compromete emocionalmente con ellos. Aun así, un debate siempre resulta mucho más enriquecedor (y agradable) si mostramos abertura de miras y hacemos el esfuerzo de tratar de entender la postura de nuestro interlocutor. Cuando hacemos eso, podemos aprender cosas que no hubiéramos imaginado nunca.

En resumen, debatir con otras personas, especialmente si sus inquietudes y conocimientos son diferentes a los nuestros, nos aporta visiones muy distintas y nos permite reflexionar sobre lo que sabemos.

Buscando información en Internet

Recuerda que todo el mundo puede publicar contenidos en Internet, por lo que debes ser muy crítico con la información que puedas encontrar. Verifica siempre que la información procede de fuentes fidedignas, trata de valorar con qué objetivos se ha publicado y contrástala con la que proporcionen otras fuentes de confianza. ¡Y no permitas que tu sesgo de confirmación decida qué fuentes son las más fiables!

COOPERAR PARA APRENDER

Por supuesto, la interacción con personas que comparten tus intereses también resulta beneficiosa para el aprendizaje. De hecho, una de las cosas que puede contribuir más al aprendizaje es que diversas personas tengáis un objetivo en común y que colaboréis para alcanzarlo. Por ejemplo, cuando los científicos colaboramos para investigar un fenómeno o encontrar una solución a algún problema es precisamente cuando más aprendemos y, al mismo tiempo, es cuando más avanza el conocimiento científico. Si además cooperamos con científicos de otras disciplinas, nuestros horizontes se amplían enormemente.

Así es, a la hora de alcanzar un objetivo, la cooperación también se beneficia de la diversidad de las personas que participan en el mismo proyecto. A su vez, esta diversidad contribuye al aprendizaje de todos los implicados. Pero para que la cooperación sea un éxito, es importante que todos los miembros del equipo asuman su compromiso de alcanzar los objetivos comunes y muestren su disposición para intervenir y comunicarse de manera transparente, proactiva y cordial.

ESTRATEGIAS DE APRENDIZAJE

En este último capítulo me ha parecido importante subrayar la importancia de las interacciones sociales en el aprendizaje. Al fin y al cabo, nuestro cerebro muestra cierta debilidad por aprender de nuestros semejantes y también con ellos. Incluso aunque seas una persona que prefiere estudiar sola, eso no significa que no puedas beneficiarte de ayudar a otras personas o de la ayuda que estas pueden ofrecerte en un momento determinado. Cuando aprendemos junto a otras personas, exploramos formas de aprender propias de nuestra naturaleza. Y nos beneficiamos todos.

Algunos consejos que pueden resultarte útiles en este sentido son:

Practica la evocación en equipo. (I)

- Como ya he indicado un par de veces en este libro, la manera más sencilla de practicar la evocación cuando interactúas con otras personas es explicándoles lo que has aprendido. Si además se lo explicas realmente con la intención de que lo comprendan y lo aprendan, entonces tus mayores esfuerzos se traducirán en mayores beneficios para tu aprendizaje. ¡Y para el aprendizaje de las personas a las que enseñas!

Practica la evocación en equipo. (II)

- Practicar la evocación en equipo también puede plantearse como una autoevaluación en grupo. En este caso, alguien puede lanzar las preguntas y los demás responderlas, o bien podéis tratar de responderlas a la vez (por escrito), y a continuación comparar vuestras respuestas para discutir y consensuar la respuesta definitiva, antes de revisar la solución correcta. Hacer este ejercicio reflexivo os ayudará a aprovechar mejor la práctica de la evocación.

Practica la evocación en equipo. (III)

- Emplear *flashcards* es una buena forma de autoevaluarse, pero a veces no tenemos tiempo para crear todas las que querríamos. ¿Qué tal si trabajamos en equipo y preparamos un buen montón de ellas entre varios compañeros?

- Recuerda que la práctica de la evocación se emplea para repasar lo aprendido, una vez ya has estado estudiando sobre un tema. Por lo tanto, es en los repasos cuando tiene más sentido enseñar a otros o aprender de ellos. Que aprender junto con otras personas tenga sus ventajas no significa que no te vayas a beneficiar también de aprender a solas cuando resulte más oportuno (como cuando abordas la lección por primera vez o cuando necesitas concentrarte).

Busca ayuda si tienes dificultades.

- No sientas apuro por pedir ayuda si tienes dificultades para entender o aprender algo y no consigues resolverlas por tu cuenta. Busca el apoyo de una persona que pueda enseñarte directamente o que pueda guiarte sobre dónde aprender lo que necesitas. Si renuncias a la ayuda por una cuestión de reputación, corres el riesgo de no alcanzar las metas de aprendizaje.

Implícate en los debates y las tareas en grupo. (I)

- Como has visto, los debates y las tareas en equipo constituyen una excelente oportunidad para aprender si nos implicamos en ellos. En el caso de los debates, participar te puede ayudar a consolidar tus conocimientos, a contrastarlos o a reflexionar sobre ellos. Pero es importante que estés alerta ante tu sesgo de confirmación y trates de entender las perspectivas de los demás sin cerrarte en banda. Al contrastar tus ideas con las del resto, mejoras tu aprendizaje tanto si al final tus ideas cambian como si las mantienes.

Implícate en los debates y las tareas en grupo. (II)

- Recuerda que llevar a cabo una tarea en equipo en el fondo es una manera de ayudarse mutuamente a aprender los unos de los otros, una práctica que, como ya has visto, resulta beneficiosa para todos. La diversidad de las personas que formáis el equipo jugará a favor del aprendizaje de todos. Ten en cuenta que el objetivo no es ganar ninguna competición, sino obtener el máximo aprendizaje de esta experiencia.

- Mantén la mente abierta con tus compañeros, pues pueden sorprenderte con conocimientos o habilidades que no imaginabas.

Tras finalizar este capítulo, creo que ya te he explicado las claves que te ayudarán a mejorar la eficacia de tus esfuerzos por aprender. Ahora todo está en tus manos. De mi parte, solo me queda insistir por última vez en que, tanto si eres un estudiante al que le va bien como si eres un estudiante al que no le va tan bien, estas estrategias te darán un empujón importante. Así lo refleja la investigación científica y también, por si te sirve de algo, mi experiencia con docenas de estudiantes a quienes he ayudado.

Te deseo lo mejor en todos tus propósitos, tanto en la escuela como ante cualquier reto en el futuro que te requiera aprender (¿cuál no lo requerirá?). Por suerte, el cerebro de los seres humanos tiene la capacidad de aprender a lo largo de toda la vida. ¡Aprovéchala ahora que conoces la mejor manera de hacerlo!

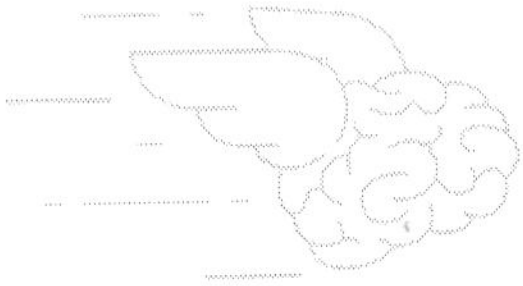

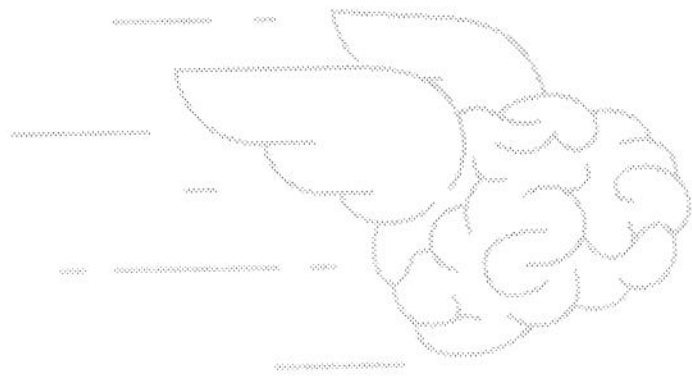

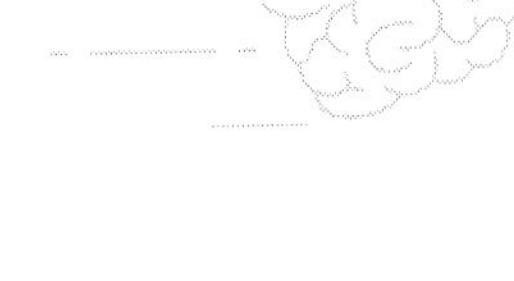

Agradecimientos

Un libro casi nunca es el fruto del trabajo de una sola persona. Desde luego estas páginas no son una excepción. Por ello, quisiera expresar mi agradecimiento a las personas que me han ayudado en la labor de concebirlo y que han puesto en este proyecto tanto entusiasmo como un servidor.

En primer lugar y muy en especial, a Ariadna Álvarez, por su incondicional apoyo en todo momento y también por su inestimable trabajo de edición, al frente de los equipos de diseño, ilustración y corrección-traducción lingüística. A ellos también quiero expresar mi agradecimiento: Sandra Villa (diseñadora e ilustradora), Isabel Soler (ilustradora), Jordi Martí (corrector de español), Marta Garcia y Núria Vila (traductoras al catalán). Merece también una especial mención Jordi Rabascall, por poner su magia en la portada.

Por otro lado, también quiero agradecer el encomiable trabajo de Albert Romero, quien me ha ayudado a mejorar el estilo del texto y me ha dado fantásticos consejos para hacerlo más cercano al público juvenil. En este sentido, también quiero expresar un particular agradecimiento a Janna Vila y Pau Vila por hacer de editores precoces y proporcionarme su valiosísima opinión acerca de los textos y la portada del libro, con la ayuda de su madre, Begoña Sanz.

Me gustaría expresar también mi agradecimiento a Sergi del Moral y Javier Fernández Panadero por el *feedback* que me han proporcionado como profesores a los que admiro. Sus acertados comentarios me han permitido redondear diversos aspectos del libro.

Para acabar, deseo manifestar un especial agradecimiento a mis padres, no solo porque a fin de cuentas este libro existe gracias a los esfuerzos que hicieron por darme la mejor educación que estuvo en sus manos, sino por todo su apoyo en todo lo que he hecho en los últimos (casi) 40 años.

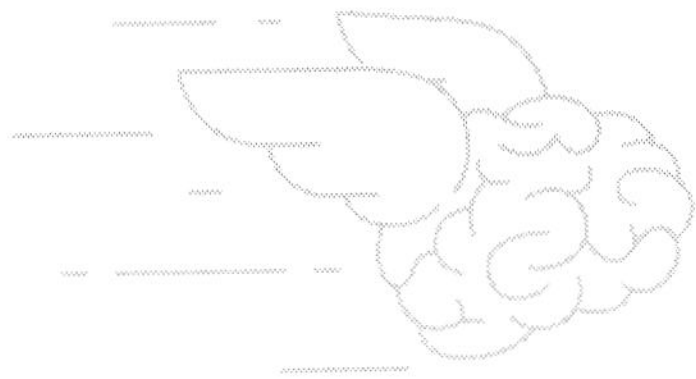

Printed in Poland
by Amazon Fulfillment
Poland Sp. z o.o., Wrocław

61378695R00081